産業観光と地方創生

地域の生業の理解からはじまる地方創生

塩見　一三男・安嶋　是晴　編著

筑波書房

目　次

はじめに
富山大学教養教育科目「産業観光学」のねらいと内容

塩見　一三男

みなさんは「産業観光」という言葉から何を連想するだろうか？

1．工場見学
2．地域資源
3．特産品
4．地元産品
5．地域振興
6．農業体験
7．観光地
8．地元の文化
9．モノづくり
10．技術

　10個のキーワードを列挙する。おそらくこれらの中に、みなさんが連想した言葉が含まれているのではないだろうか。実はこれらのキーワード、「Chat GPT」[注1]が答えてくれたものである。「日本人が "産業観光" という言葉から連想するキーワードを多い順に列挙してください」。これがChat GPTへの問いかけである。この結果をみて「AI恐るべし」と感じたかもしれないが、AIの凄さを語るのが本書の目的ではないので本論にもどる。最も多くの人が連想するキーワードが「工場見学」である。これは私も同感である。その他のキーワードも "観光" や "観光資源" に関連する言葉が並んでいる。正直なところ何ら違和感はない。これらが今の日本人の産業観光に対する認識といっても過言ではないだろう。

「"産業観光学"は"地方創生"を推進するための授業だ」

「産業観光学」は富山大学の教養教育科目である。私が産業観光学の授業に
たずさわるようになったのは、授業開設後4年目となる2019年度（令和元年度）
のことである。先の言葉は、前任の教員が引き継ぎの際に説明してくれた一言
である。私の産業観光への認識は先ほどのChat GPTと同じであり、当時、"産
業観光＝地方創生"の関係がいまひとつ理解できなったことをよく覚えている。
『産業観光という観光政策によって地域経済が活性化することが地方創生に結
びつくことは理解できるが、授業の中で学生に産業観光を伝えることが、地方
創生とどのように結びつくのか』。これは当時の私の心の声である。

最初の1年間、すなわち2019年度（令和元年度）は、前任の教員と一緒に授
業を行う機会があったため、よく「産業観光学と地方創生とはどのように繋が
るのか」と質問をしていた。残念ながら、自分自身が納得できる回答を得るこ
とはできなかった。おそらく私自身の熟慮が不足していたために、教員の発言
が理解できなかったのだと思う。結果としては、ゲストスピーカーの講義を聞
き、学生のレポートを読み返し、私自身が授業を重ねる中で理解していった。
誰かの言葉を借りるのではなく、自分の言葉として、"産業観光"と"地方創生"
の繋がりを理解したのである。

その時にみつけた自分の言葉が、「産業」と似た意味を持つ「地域の生業（な
りわい）」である。「産業」を「生業（なりわい）」という言葉に置き換えてみ
ると、そこには、生業（なりわい）を生み出すために奮闘する富山県の人々の
姿がみえてくる。そして、それらの人々のことを深く知れば知るほど、富山県
のことが好きになっている自分に気づくのである。今では、地域の生業（なり
わい）を意識しながら産業観光を学ぶことが地方創生に繋がることを確信して
いる。そして、それらを大学生向けの教育カリキュラムに落とし込んだものが
産業観光学なのである。

本書の想定読者は、

①産業観光を学ぶ学生

②“地域を学ぶ教育”を実践・検討している教育関係者

③地方創生を担当する行政関係者

④産業観光を実践・検討している民間事業者

である。

　本書は、①に対しては教科書として、②や③に対しては教育プログラムや地方創生の施策・事業を考える参考資料として、④に対しては自社の産業観光の今後の方向性を考える参考資料として活用いただくことを想定している。

　本書のはじまりとして、まずは産業観光学の授業のねらいと内容を紹介する。

（1）「産業観光学」の基本情報

　富山大学の産業観光学は2016年度（平成28年度）に開設された教養教育科目の授業である。１年生から４年生までのすべての学年、すべての学部の学生が履修可能である。2022年度（令和４年度）までに合計７回開講している。100名以上の学生が履修する年度もあったが、ここ数年は後述する産業観光モデルコース作成演習のことを考えて、履修者数の上限を設けている。

　表0-1と表0-2に2022年度（令和４年度）のシラバスにもとづいた授業の基本情報を掲載する。この中にも達成目標は書かれているが、あらためて要約するなら、

　　　　「富山県の産業の過去と現在を理解し、富山県をはじめとする地方での
　　　　仕事や暮らしの魅力を理解することで、東京一極集中に歯止めをかけるこ
　　　　と」

が本授業のねらいとなる。

　「産業の過去と現在の理解」の箇所が産業観光を学ぶことを意味し、「地方での暮らし・仕事の理解」の箇所が地方創生のことを指している。両者が結びつ

表 0-1　富山大学の「産業観光学」の概要（1）

項目	内容
授業名	産業観光学／Industrial Tourism Studies
授業科目区分	教養教育科目　総合科目系
開設年度・頻度	2016 年度（平成 28 年度）、毎年開講
対象学年	1 年、2 年、3 年、4 年
単位数	2 単位
履修者数	2016 年度（平成 28 年度）　　87 名　　　後学期 2017 年度（平成 29 年度）　133 名　　　後学期 2018 年度（平成 30 年度）　133 名　　　後学期 2019 年度（令和元年度）　　59 名　　　夏期集中 2020 年度（令和 2 年度）　135 名　　　後学期 2021 年度（令和 3 年度）　　88 名　　　後学期　　※上限 100 名と設定 2022 年度（令和 4 年度）　　80 名　　　後学期
授業のねらい	本授業は、人口減少から生ずる様々な地域課題解決に取り組める能力を兼ね備えた「未来の地域リーダー」を育成するための「地域課題解決型人材育成プログラム」における「教養教育」の授業科目となります。教養教育の段階では、地方創生の意義や富山県を含めた地方において、働くこと、暮らすことの魅力について理解してもらうことを全授業科目共通のねらいとしています。 　「産業観光」とは、従来型の観光形態とは異なるニューツーリズムの一つであり、その定義は、「歴史的・文化的価値のある産業文化財（古い機械器具、工場遺構等のいわゆる産業遺産）、生産現場（工場・工房等）及び産業製品を観光資源とし、それらを通じてものづくりの心にふれるとともに、人的交流を促進する活動」（須田、2005）とされています。 　本授業独自のねらいは 2 つあります。1 つは、「産業観光」という観光政策を通じた富山県経済発展の可能性を考えていただくものです。もう 1 つは、「産業観光」の視点から個々の企業のビジネスの変遷やものづくりへのこだわりに接することで、既存産業の再生や新たな産業を創生することで発展してきた富山県のダイナミックな地域イノベーション、そして県内企業が共通して求める「進取の気性」「富山県を愛する心」を理解してもらうものです。 　具体的な授業は、「講義」、「現地視察」、「グループワーク」、「グループ発表」から構成されます。「講義」では、本学教員や産業観光に取り組む企業等の外部講師（ゲストスピーカー）による講義を通じて、産業観光に係る基礎知識を理解してもらいます。「現地視察」では、富山県広域産業観光推進委員会等が発行する「富山産業観光図鑑」を参考として、学生自身で産業観光施設の見学をしてもらいます。「グループワーク」と「グループ発表」では、講義や現地視察の結果を踏まえた産業観光モデルコースのプランニングと発表を行っていただきます。

資料）2022 年度の産業観光学のシラバスより加工。

表 0-2　富山大学の「産業観光学」の概要（2）

項目	内容
達成目標	つぎの3点を達成目標としており、とくに③に重点をおいています。 ①人口減少から生ずる地域課題の具体的内容、「地方創生」という政策の意義、富山県を含めた地方での暮らしの魅力や可能性について、自らの言葉で説明することができる ②他者の様々な意見を聞き、自分の意見も踏まえて意見交換ができるコミュニケーション能力を身につけることができる ③「産業観光」という観光政策を通じた富山県経済発展の可能性や、富山の地域イノベーションの変遷、「進取の気性」の風土について、自らの言葉で説明することができる
授業計画	第1回　ガイダンス 第2回　産業観光概論 　　　〈ゲストスピーカー：須田氏（JR東海相談役）〉 第3回　富山県における産業観光の意義と展望 　　　〈ゲストスピーカー：髙木氏（富山大学非常勤理事、富山商工会議所会頭）〉 第4回　富山県の産業構造と特徴 　　　〈ゲストスピーカー：中村氏（富山大学経済学部教授）〉 第5回　現場だからわかる産業観光施設の魅力 　　　〈ゲストスピーカー：武山氏（富山大学理事・副学長）〉 第6回　オープンファクトリーの意義と可能性 　　　〈ゲストスピーカー：安嶋氏（富山大学芸術文化学部准教授）〉 第7回　グループ演習① 第8回　産業観光に取り組む企業① 　　　〈ゲストスピーカー：黒部ツーリズム（株）〉 第9回　産業観光に取り組む企業② 　　　〈ゲストスピーカー：（株）能作〉 第10回　産業観光に取り組む企業③ 　　　〈ゲストスピーカー：（株）源〉 第11回　グループ演習② 第12回　グループ演習③ 第13回　グループ発表 第14回　優秀モデルコース発表、表彰、講評（フィードバック） 第15回　最終講義（フィードバック）
授業時間外学修（事前・事後学修）	第2〜6回、第8〜10回の講義前に提示する事前学修テーマについて、インターネット情報検索等によって調べてください（1時間程度/回）。 第2〜6回、第8〜10回授業終了後に課すレポート、第15回授業終了後に課す最終レポートを整理してください（1時間程度/回）。 第5回〜第11回の間の任意の時間を活用して、産業観光施設1施設の現地視察を行ってもらいます。その結果は、「産業観光施設の魅力を引き出す写真」と、「産業観光施設の改善点のレポート」の提出を行ってもらいます。

資料）2022年度の産業観光学のシラバスより加工。

くメカニズムについては終章において詳しく解説することとし、ここでは、前者の産業観光について詳述する。

　「産業」とはどういう定義であろうか。あまりにも一般的に使われている言葉なので「"産業"は"産業"だよ」とでも返答されそうだが、本書にとって大変重要なことなので、あえて定義を示しておきたい。広辞苑によると産業とは『生活してゆくための仕事。なりわい。生業。生産を営む仕事。自然物に労働を加えて、使用価値を創造・増大するため、その形態を変更・移転する経済的行為』などと定義される（注2）。同様に「生業（なりわい）」についても紹介すると『生産の業。また、その作物。世渡りの仕事』（注2）などと記されている。両者をみると、生業（なりわい）は産業の中に含まれているようにもとれるが、いずれにしても似た言葉といえる。言葉の印象としては、産業は、第一次産業などと使われるように経済活動の規模が大きなイメージがあるのに対して、生業（なりわい）は、個人や小集団という規模が小さなイメージがある。そして、生業（なりわい）を使うことで、それを生み出すために奮闘する人々の姿がみえてくる。ここが産業と生業（なりわい）の違いだと考えている。
　これらの定義を踏まえて、あらためて「産業の過去と現在の理解」について言語化するならば、

　　　「富山県に暮らしてきた先人たちが、富山県という地域で生活を続けていくために、富山県の地域特性ゆえの災いを被りながらも、その地域特性を活かすための工夫を凝らし、時代々々の技術を駆使しながら、社会が必要とする価値のある生業（なりわい）をどのように創りだしてきたのか、また、そのプロセスでの成功の鍵は何だったのか、そして、それが現在の富山県の産業とどのように結びついているのかを理解すること」

と表現できる。
　技術の発展や人々のニーズの変化に伴って産業や生業（なりわい）は変化していくものである。富山県においても、今はなくなった産業や生業（なりわい）がある一方で、新たな産業や生業（なりわい）も生まれている。たとえば「北

前船」という回漕業は明治中期に姿を消すのだが、北前船に関わった北前船主たちは富山県の新たな産業の創出にも深く関係している。このような富山県で繰りひろげられてきたダイナミックな地域イノベーションの事実（ファクト）を理解するとともに、その背景にある富山県民のマインドセットとしての「進取の気性（しんしゅのきしょう）」を感じ取ってもらう授業である。

（2）開設の経緯〜 COC構想からスタートした教養教育科目

　2013年（平成25年）6月に閣議決定された第2期「教育振興基本計画」には、「大学等のセンターオブコミュニティ構想（COC構想）の推進」という基本施策が示されている。産業観光学のはじまりはこの施策にある。

　「COC構想」のCOCとは「Center of Community」の略称であり、「地域の中核的存在」の意味となる。すなわち、知的創造活動の拠点である大学が地域の中核的拠点となり、大学が有するさまざまな資源を用いて地域が直面する課題解決に取り組むことで、大学の教育研究機能の向上と、地域活性化を目指している。この構想に基づいて同年には、文部科学省による「地（知）の拠点整備事業（大学COC（Center of Community）事業）」がはじまり、さらに、2015年（平成27年）には、地方創生における「ひと」の地方への集積に重点をおいた「地（知）の拠点大学による地方創生推進事業（COC+）」に発展していく。そして富山大学はこの「COC+」に選定され、産業観光学が開設されることになる。

　富山大学のCOC+においては、人口減少から生ずるさまざまな地域課題解決に取り組める能力を兼ね備えた「未来の地域リーダー」を育成するために「地域課題解決型人材育成プログラム」という教育戦略を打ち出している。そのプログラムは、①地域志向科目群、②地域課題解決科目群、③地域関連科目群という3つの科目群から構成され、産業観光学は地域志向科目群に位置づけられる。これは、富山県に関する基礎的な要素を含む富山の歴史・経済・自然に係る教養教育科目となる。

　以上のとおり、産業観光学は観光政策を学ぶ授業ではなく、地方創生の推進を目的とした文部科学省のモデル事業をきっかけとして開設された教養教育の授業である。

（3）産学連携による授業の開設・企画・運営

　　「"産業観光学"は富山県の産業観光の推進に情熱をそそがれている富山
　　商工会議所会頭の助言をうけて開設された授業である」

　この言葉も私が産業観光学を担当する際に前任の教員から聞いたエピソード
である。

　2015年（平成27年）、富山商工会議所が中心となって産業観光の案内冊子「産
業観光図鑑」がはじめて発行される。産業観光学の開設の1年前の出来事であ
る。経済界をあげて富山県の産業観光を推進する機運が高まっていた時期で
あったと推察できる。この機運の中で富山大学がCOC+に採択されたことをう
けて、富山商工会議所からの提案もあって、富山県の歴史・経済を知る地域志
向科目として産業観光学が開設される。

　初期の産業観光学のカリキュラムづくりに対しても、富山商工会議所から積
極的な提案があったという。「わが国の産業観光の提唱者であるJR東海の須田
寛氏をゲストスピーカーとして招聘すること」や「複数の産業観光施設の団体
視察を行うこと」、「産業観光モデルコース作成のグループワークを行うこと」、
「産業観光モデルコース作成の発表会や表彰を行うこと」などがそれである。
また、授業運営面でも多くのサポートをうけている。「富山商工会議所会頭に
よる講義」や「産業観光施設の団体視察コースの提供」、「産業観光モデルコー
ス発表会での講評」などである。授業開設にとどまることなく、授業の企画・
運営面でも産学連携で行われてきた授業といえる。

（4）特徴的な授業内容

　私が産業観光学にたずさわるようになった2019年度（令和元年度）以降、本
書を執筆している学内教員や富山商工会議所会頭と意見交換を繰りかえしなが
ら授業内容の充実に努めてきた。ここではそれらのなかから特徴的なものを紹
介する。

アクティブ・ラーニングの機会

　授業全体を通してアクティブ・ラーニングの機会をできるだけ多くとるように心がけている。アクティブ・ラーニングとは、

　　　　教員による一方向的な講義形式の教育とは異なり、学修者の能動的な学修への参加を取り入れた教授・学習法の総称。学修者が能動的に学修することによって、認知的、倫理的、社会的能力、教養、知識、経験を含めた汎用的能力の育成を図る。発見学習、問題解決学習、体験学習、調査学習等が含まれるが、教室内でのグループ・ディスカッション、ディベート、グループ・ワーク等も有効なアクティブ・ラーニングの方法である。

と中央教育審議会の答申において定義されている[注3]。

　表0-2に示したシラバスのとおり、産業観光学の全15回の授業の構成は、講義が8回、グループ演習が4回、フィードバック機会が2回、そしてガイダンスが1回である。また、授業時間外学修として産業観光施設の現地視察を課している。4回のグループ演習や授業時間外学修の現地視察は、それそのものがアクティブ・ラーニングの学習法といえる。また8回の講義においても、各回3分の1程度の時間はグループワークの時間としている。

講義内容と講師陣

　講義内容は、学術的な観点と実践的な観点に二分される。学術的な観点からは「全国で通用する産業観光の理論や知識を理解する講義」や「富山県の産業観光の意義や魅力を理解する講義」が行われている。また、実践的な観点からは「産業観光に取り組んでいる民間事業者による講義」が行われている。これまでに**表0-3**に示す講師に参画いただいている。

新型コロナを踏まえた個人による現地視察（フィールドワーク）

　授業開設時から現在まで、学生が産業観光施設を体験する機会を設けている。開設当初は、複数の産業観光施設を団体・バス移動で視察するコースを設けていた。しかし、2020年度（令和2年度）以降は、新型コロナウイルス感染症の

表 0-3　産業観光学の講義内容と講師

観点	講義内容	講師	
学術的	全国で通用する産業観光の理論や知識を理解する講義	JR 東海　相談役 東洋大学大学院　客員教授	須田寛 丁野朗
	富山県の産業観光の意義や魅力を理解する講義	富山商工会議所　会頭 富山商工会議所　専務理事 富山大学理事・副学長 富山大学経済学部　教授 富山大学芸術文化学部　准教授	高木繁雄 西岡秀次 武山良三 中村和之 安嶋是晴
実践的	産業観光に取り組んでいる民間事業者による講義	株式会社能作 YKK 株式会社 黒部ツーリズム株式会社 北陸電力株式会社 株式会社源	

注）肩書きは当時のもの

ために団体の視察受入が難しくなったために、産業観光図鑑に掲載されている施設を学生が任意に決定して個人視察をする方式に転換している。

　団体視察と個人視察の方法は、それぞれに一長一短があり、いずれが優れた方式であるかの言及は難しい。個人視察に転換したことで、当然ながら簡単にアクセスできる施設を選択する学生が増えたことは否めないが、その一方で、産業観光図鑑に掲載されている多くの施設の中から訪問施設を考え抜く学生もみられる。教員から一方的に与えられた視察先を受動的に訪問するのではない、学生自身が能動的に考え、行動するアクティブ・ラーニングの学習法に繋がっている。

　個人視察転換後の学生への課題も工夫している。現在は二つの課題を課している。「①写真（現場だからこそ伝わるその施設の魅力を象徴する写真）」と「②改善レポート（施設見学を行ったからこそ実感する産業観光施設の問題点や改善点）」である。①は写真を撮影するだけの簡単な課題と考えられがちだが、課題として設定した背景は、「その施設のどのような写真1枚の切り取り（選択）が、施設の魅力を引き出すのか、常に考えながら見学をして欲しい」というものである。2021年度（令和3年度）はこれらの写真をInstagramに投稿して一般の人々にも周知することに取り組んだ。一方、②は富山商工会議所会頭の提案によって導入したものである。現地視察を通じて学生が実際に感じたこ

とがリアルにレポートされており、各産業観光施設にとっても有意義な情報である。そのレポートの結果は富山商工会議所を通じて各産業観光施設にフィードバックがなされ、施設からのコメントもいただいている。

産業観光モデルコース作成

　グループ演習として「産業観光モデルコース作成」を行っている。

　"観光のモデルコース" と聞くと旅行業者に必要なスキルを学ぶ演習のように思われるかもしれないが、その意図はほとんどない。そうではなく、富山県の特定の生業（なりわい）のより深い理解に主眼をおいている。すなわち、どのような施設群の見学がより深い理解に繋がるのか、「生業（なりわい）のストーリーづくり」を学生自身で考えてもらう意図である。これを4回のグループ演習によってまとめるアクティブ・ラーニングそのものの授業である。グループ分けは教員が行っている。

　モデルコースの構成要素は、「タイトル」、「ねらい（ターゲット、産業観光のテーマ）」、「訪問施設（各施設の見どころなど）」、「行程（日程、タイムスケジュール、移動手段、費用など）」、「期待効果（モデルコース普及による地域への効果など）」、「アピールポイント」などである。グループ内で話し合いながらパワーポイントでまとめてもらう。

　2021年度（令和3年度）までは多くのグループが「訪問施設」や「行程」から組み立てる傾向がみられた。その方が組み立てやすいためである。いわばソリューション先行のプランづくりである。当然「何を伝えるのか」という点の解像度が低いコースが多くみられた。

　この反省から、2022年度（令和4年度）からは上記の条件にプラスして、「いかなる富山の生業（なりわい）を理解してもらうコースにするのか」という点をグループでしっかり話し合うことを強調した。その結果、「海洋深層水から派生する産業を理解するコース」、「御車山祭に使われる工芸技術を理解するコース」など、今までにはなかった切り口から特定の生業（なりわい）を伝えるコースが提案された。

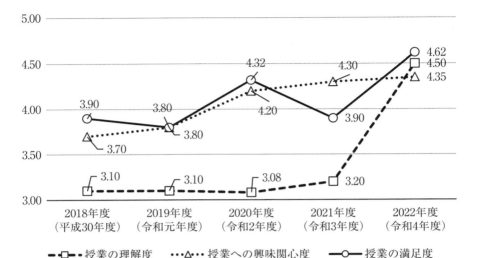

図0-1　産業観光学に対する学生の授業評価

資料）富山大学授業評価アンケートに基づき作成。
注）「授業の興味関心度」の選択肢は、2021年度（令和3年度）までが「授業で扱われているテーマに魅力を感じましたか」、2022年度（令和4年度）は「この授業の分野に対する興味関心が増した」を用いている。

学生による授業評価

　最後に、産業観光学に対する学生の授業評価を紹介したい。上図はデータが残っている2018年度（平成30年度）以降の「授業の理解度」、「授業への興味関心度」、「授業の満足度」の推移である。年度によって多少の変動はあるものの、学生の理解度、興味関心度、満足度は着実に高まっているといえる。前述した毎年度の授業内容の充実を繰りかえすことで、教育プログラムの改善は確実に進んできた（**図0-1**）。

　以上が産業観光学のねらいと内容である。これ以降は、産業観光学の講義内容を読者の方々に追体験していただく章となる。
　まず、第1章は東海旅客鉄道株式会社の須田氏による「『産業観光』の概念を知る〜産業観光概論〜」、第2章は公益社団法人日本観光振興協会総合研究

所の丁野氏による「『産業観光』の先進事例を知る〜産業観光による全国の地域づくり〜」である。これらは全国のどの地域においても通用する講義内容であり、第3章以降が富山県固有の講義内容となる。もし、富山県以外の地域で産業観光の教育を検討される場合は、第3章以降をそれぞれの地域に置きかえていただきたい。

　第3章は本学経済学部の中村氏による「私たちの地域の産業を理解する〜富山県の産業構造と特徴〜」、第4章は本学理事（元富山商工会議所会頭）の髙木氏による「私たちの地域の産業観光の意義を理解する〜富山県の産業観光の意義と展望〜」、第5章は本学芸術文化学部の安嶋氏による「私たちの地域の産業観光の魅力を理解する〜オープンファクトリーの意義と可能性〜」、第6章は本学副学長・理事の武山氏による「私たちの地域の産業観光を体験する〜現場だから見えてくる産業観光の魅力〜」となる。まず、地域の産業そのものを知り、それを産業観光として展開することの意義や個々の産業観光施設の魅力を伝え、最後に実際に見学するときのポイントを伝える授業の流れとなる。また、各章の間には、「YKK　株式会社」、「株式会社　源」、「株式会社　能作」による具体的な産業観光の取り組みも紹介している。

　以上が産業観光学の講義内容となる。そして最終章では、筆者自身による「産業観光と地方創生〜教育プログラムの可能性〜」を示して本書をまとめるものとする。

〔注〕
（注1）Open AIによる自動応答チャット生成AI「Chat GTP」のフリープランによるチャットの結果となる。
（注2）新村出「広辞苑（第七版）」岩波書店、2018年1月
（注3）中央教育審議会「新たな未来を築くための大学教育の質的転換に向けて〜生涯学び続け、主体的に考える力を育成する大学へ〜（答申）用語集」2012年8月

〔参考文献〕
・文部科学省「第2期教育振興基本計画　パンフレット・概要・本文」〈https://www.mext.go.jp/a_menu/keikaku/detail/1336379.htm〉
・富山大学地域連携推進機構地域連携戦略室「事業報告書　平成27年〜平成29年」〈http://www3.u-toyama.ac.jp/chiiki/cocplus/pdf/sodate（h27-h29）.pdf〉

第1章 「産業観光」の概念を知る
～産業観光概論～

須田　寛

（1）今なぜ「産業観光」か

　「産業観光」とは歴史的、文化的価値のある産業文化財（産業遺産、工場遺構など）、生産活動が行われている現場（工場、工房など）、産業製品などを観光対象（観光資源）として人的交流を図る「旅行」をいう。いわば「ものづくりの観光」ともいえよう。しかし、この中で「観光」という言葉の意味が、従来、必ずしも明確ではなく、人さまざまに理解されてきたため、「産業観光」の範囲および型はその意味もはっきり定まらないままに、いわゆる「産業観光」が進められてきたという反省がある。

　もちろん「産業」については、その定義ないし範囲は極めて明確である。広辞苑によれば「産業」とは、「自然物に人力を加えてその使用価値を創造ないし増大するため、その形態を変更し、または移転する経済的行為という」と記されている。このような定義は多くの人に共有されている一方、「観光」はその真の意味が充分理解されないまま単なる「遊び」にすぎないと軽く考えられて、多くの人々が参加してきたのではないかと思われる。コロナ禍からの「観光」の復興にあたり、「観光」の真の意味、またその役割を充分理解したうえ、真の「観光」として「観光」を再出発させる必要を痛感する。とくに行き過ぎた「観光」といえる自然環境破壊（昔の観光のマイナス面）は、一日も早く解消しなければならないと思う。「産業観光」に関わって筆者もこの点を痛感させられた。

　一方、「産業観光」で生産活動が妨げられるのではないかとの懸念から「産業をみせものにしたくない」、「現場の者は汗水たらして生産に励んでいる。それを『観光』の対象とすることは如何なものか」という企業経営者の厳しい声を何度か耳にした。このように「観光」は「生産（ものづくり）」とは対極にあるものとさえ誤解されていることに、「産業観光」の今後に危惧の念を感じたこともあった。そこで「産業観光」について述べる前に「観光」の正しい意

味を共有しておきたい。

　「観光」については事典などによると「他の土地を観察すること、またその風景などを見物すること」と簡単な説明に終わっているものが多い。「産業」の意味が詳細に説明されているのに比べ対照的である。従来ともすれば「観光」は余暇活動のひとつである単なる「遊び」にすぎないとも考えられてきた。いわば「観光」は人間にとって必須の、しかも文化的行動であることが充分理解されないまま進められ、「観光」によってそこから効果を得るはずの貴重な観光資源を破壊したり、人間の心にゆとりとやすらぎをもたらすはずの「観光」が、人間の心身にとって過度の負担にさえなっている場合も見受けられる。「観光」は今から約2千年前、中国の「易経」（儒学の古典）にその語源がある。「観国之光、利用賓于王」（国の光を観るはもって王の賓たるに用いるによろし）がそれである。「国（地域）」の「光（優れたもの、美しいもの）」を心をこめて観ること、また、心をこめて、かつ誇りをもって人々に観す（しめす）こと」を意味する。すなわち、単に見たり、示したり（見せたり）するだけではなく、「心をこめて」という点が強調されていることに注目したい。「観」という文字には「心」に訴えるとの意味が含まれていると考えられている。

　単なる旅行、移動やいわゆる物見遊山の旅と「観光」がひと味異なった次元のものであることが、この「観」の定義が示している。その意味で、「産業観光」はものづくりの「心」にふれる「観光」であるから、まさに「観光」の本質にせまるものと考えることができる。この点がコロナ禍で落ち込んだ「観光」を復興させるため「産業観光」を提案する第一の理由である。また、「産業観光」は工場工房の見学学習型観光であり、体験型の観光でもある。したがって、その面からも少人数で参加して観光の効果を高めることが多い。すなわち、密回避の「観光」につながり、ウィズ・コロナ時代にも相応しいことが「産業観光」がすすめられる今一つの理由である。

　「観光」は、人的交流を促進する点からみれば文化的交流であり（人的交流を創造発展させる）、また、観光地などに資金の循環をもたらす経済行動でもある（**図1-1参照**）。この結果「『観光』は人間の本能に根ざす文化的、経済的行動」だと考えられる。よって、「観光」は単なる「遊び」ではなく、人間ないし社会にとってその本能にねざす大切な行動であるとも考えられる。とくに

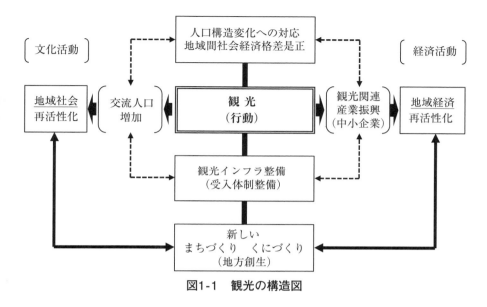

図1-1　観光の構造図

　日本のような産業大国といわれるような国においては、「産業観光」は国の活力の源となる重要な行動ともいえよう。

（2）「産業観光」の発展経緯

　「産業観光」はニューツーリズムのひとつとして、近年開発された新しい観光手法である。従来のいわゆる見物観光、温泉観光などの定番観光がともすればマンネリ化する中で、国内観光も低迷してきた。一方、国際交流の世紀を迎えて「観光」の再活性化をはかることが求められた。とくに従来の単なる見物などから一歩進んで、学習観光、体験観光へのニーズが大きくなり、また日本の国際観光への参入も進んできた。このため新しい観光手法の開発と実現が検討され、そのひとつとして観光対象に従来と異なった観点からアプローチする、いわゆるニューツーリズムが取り入れられた。「テーマ別観光」もそのひとつの例である。観光対象に“産業”——ものづくりを選び、それに直接ふれる「産業観光」は新しいテーマ別観光、すなわち「ものづくりの心にふれる『観光』」である。2005年（平成17年）、愛知県で万国博覧会が開かれた際、会場面積が

18

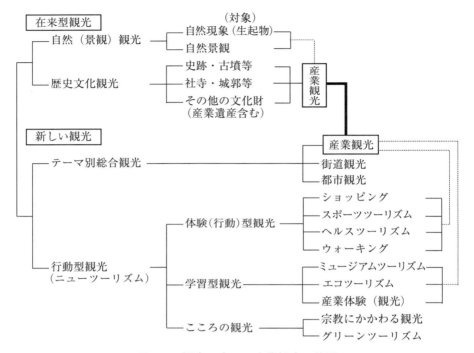

図1-2　観光の中での産業観光の位置

限られたため、その場外展示場的役割を果たすものとして、産業都市でもあっ
た名古屋のものづくりをテーマとし、それに特化した（産業）博物館の見学、
生産現場訪問（見学、体験）なども主なメニューとすることとした、すなわち
「産業観光」を組織的に、いわばまちぐるみ観光として東海地域で展開しはじ
めた。この動きが東海各地の特色ある多くの産業都市にもひろがった。関（岐
阜）の刃物、愛知・岐阜県各地の自動車産業、瀬戸市などの陶磁器、知多三河
地域の酒、味噌などの醸造産業などが連携して産業博物館・資料館の整備をは
じめ、工場工房見学者の「産業観光」に組織的に取り組み、愛知万博の場外展
示場としての役割を担ったことが高く評価された。そして、東海地域の「産業
観光」に訪れる人も逐年増加したのである。他地域でも各地の商工会議所、日
本観光振興協会などが連携して「産業観光」推進に努め、「全国産業観光推進
協議会」を設けるなど、組織的展開をはかる動きが東海各地から起こり、次第

に全国的な動きにひろがっていった。

（3）「産業観光」への期待

　上記の発展経緯で示すように「産業観光」は万博とともに日本でも急速に普及した新しい観光手法になったが、それには以下のようなニーズが潜在していたからである。

観光の国際化から

　21世紀は国際交流の世紀といわれたように、コロナ禍で一時頓挫したものの国際観光へのニーズが急速に高まった。同時に国際間の観光客誘致の競争が激化した世紀でもあった。日本への外国人観光客誘致のため外国人、とくに近隣諸国の人々にとって関心の深い「産業観光」の推進が期待された。産業中枢であった東海各地では、国・地域別に日本のものづくりへの見学体験に求めるニーズを把握し、多くの国・地域が期待する日本の産業観光情報をきめ細かく提供することに努めた。なかでも日本独特の教育行事である修学旅行での「産業観光」が最適であることにかんがみ、近隣諸国などの学生団体による「産業観光」を呼びかけることにも努め、一定の成果を得つつあった（コロナ禍前までにも）。

情報化時代の到来から

　IT技術の導入による情報の量的質的増大は「産業観光」のような情報依存型の観光促進には大きい結果をもたらした。とくに、全般的には大型の団体による観光が敬遠され、一人一人の観光ニーズにもとづく個人ないし小グループの観光に特化する状況下にあって「産業観光」にも個人旅行の目的としての新しいニーズが高まった。さまざまな伝統産業の現場で、匠（たくみ）の技に身近に接することができる工房など少人数の見学体験を中心とする産業現場の訪問が着実に増加した。近年、修学旅行も一日を分散学習する学校で生徒が2〜3人の小グループにわかれて、地図を片手にまちの（伝統）産業の工房（とくに陶磁器や醸造産業の工房が人気）を訪れる学習型観光が進められるケースも目立つようになってきた。

環境問題への関心から

　「産業観光」を通じてものづくりの実態を（見る体験によって）さらに理解し、一歩進んで、ものづくりを通じて、そこから環境保護・保全の必要性を学ぶことも求められてきた。修学旅行の分散学習方式導入もこのような動機から始められたといわれる。とくに、陶磁器工場での生産過程に「産業観光」で接し、そこから「環境保全につながる学習成果」を得られたとの報告が多い。

人口構造の変化から

　「産業観光」によって、さまざまなものづくりの人手不足を個々の作業シフトや技法の改善などによる作業の効率化への工夫によりカバーしている実態にふれることができたとの報告もある。とくに高価な機械を導入できない中小企業が勤務シフトの改善（手待ち時間を利用して一人の従業員が専門外の別の作業も兼業して全体として作業効率をあげる）の実態を中小企業の工房での見学体験の中から学び、自らが経営する工房に導入して効果をあげたなどの多くの事例も耳にした。

環境エネルギー問題から

　地球温暖化など環境破壊から人類を守る取組としてSDGsへのアクセスへの「産業観光」の効果が大きいものがある。なかでもリサイクル産業の現場見学が近年各地で進められており、その結果、見学者（観光客）から、重要なリサイクルについて「産業観光」から多くのヒントを得ることができたという感想も寄せられている。さらに農作業、植林の作業現場の見学体験をともなう「産業観光」を通して環境保全の重要性、ないし、その手法を体得することができ、帰省後実地に応用して効果をあげたという事例も多い。

　一方、ものづくりによるまちづくりに成功した実態が、そのまちの「産業観光」を通じて理解でき、そしてわがまちでも応用したという事例がある。いずれの事例も机上での学習のみでなく、「産業観光」という幅広い観光行動を通じて地域の特色（光）を求める旅の中から実地に体得されており、「産業観光」の幅広い効果を示しているといえよう。

　なお、ここで「産業観光」のSDGsとの関連についてもふれておきたい。

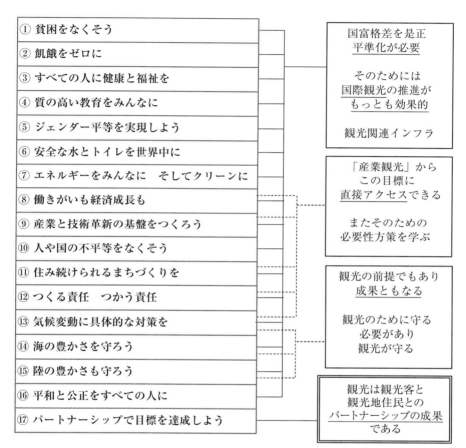

① 貧困をなくそう
② 飢餓をゼロに
③ すべての人に健康と福祉を
④ 質の高い教育をみんなに
⑤ ジェンダー平等を実現しよう
⑥ 安全な水とトイレを世界中に
⑦ エネルギーをみんなに そしてクリーンに
⑧ 働きがいも経済成長も
⑨ 産業と技術革新の基盤をつくろう
⑩ 人や国の不平等をなくそう
⑪ 住み続けられるまちづくりを
⑫ つくる責任 つかう責任
⑬ 気候変動に具体的な対策を
⑭ 海の豊かさを守ろう
⑮ 陸の豊かさも守ろう
⑯ 平和と公正をすべての人に
⑰ パートナーシップで目標を達成しよう

国富格差を是正
平準化が必要

そのためには
国際観光の推進が
もっとも効果的

観光関連インフラ

「産業観光」から
この目標に
直接アクセスできる

またそのための
必要性方策を学ぶ

観光の前提でもあり
成果ともなる

観光のために守る
必要があり
観光が守る

観光は観光客と
観光地住民との
パートナーシップの成果
である

※気候変動を防ぐ地球温暖化対策の柱のひとつは、脱炭素社会である。
　その手法は産業観光で学ぶことができる。（自然エネルギー、排気ガス対策など）

図1-3　SDGs17のゴールと「観光」（例示）
—SUSTAINABLE DEVELOPMENT GOALS—

SDGs（Sustainable Development Goals）とは、「持続可能な開発目標」と訳
されている。「誰一人取り残さない持続可能でよりよい社会の実現をめざす世
界共通の目標」のことである。2015年（平成27年）の国連サミットにおいて加
盟国の全会一致で合意されたもので、17のゴール（目標）から構成されている。
17のゴールは**図1-3**の通りで、貧困飢餓の回避、教育の普及などでの世界各国

の人類間での不平等の解消、エネルギー資源の有効活用なども各国が均しくその改善に取り組むこと、地球環境気候変動対策などに世界が均しく共同して地球規模で取り組むことについて、国連加盟国の合意がその内容となっている。この17の世界人類が一致して取り組むべき目標にアクセスするには「観光」が大きな役割をはたす。それは「観光」、とくに「産業観光」を通じてこの目標の必要性が理解できること、またアクセス方法も学ぶことができるからである。

　たとえば目標12「つくる責任　つかう責任」は「産業観光」によって生産現場で生産にはげむ現場の人々に接することにより、その生産物を敬虔（けいけん）な気持ちで大切に使う「責任」を自覚することができる。全人類が均しく、より豊かな生活を送れるようにするためのクリーン・エネルギー活用、持続可能な観光へのアクセスについても「産業観光」の中で目標にアクセスする手法を学び、実現への手法を学ぶことができるアプローチである。

　項目ごとに「観光」とくに「産業観光」と目標の関連を図示した私見が**図1-3**である。全体的にみると世界の人々がこの目標の達成に努め、その効果を多くの人々が享受すべきことを求めている項目が多い。このためには国ごとの経済段階、いわば貧富の差をなくすことが大前提となる。国ごとの経済格差をなくす方法は国際貿易、国際観光によって国際間の物的人的交流を促進することで実現できることはいうまでもない。このような点から世界人類共通の目標SDGsへのアクセスのため「観光」、なかんずく「産業観光」の役割が大きいことをあらためて認識することができよう。

（4）「産業観光」の観光での位置

　「観光」といえば長年"見物観光（景観、建築物、構造物など）"ないし"温泉観光"が定番であった。近年、「観光」にもさまざまな新手法が開発されてきており、地域によって、また季節によって人々がさまざまな観光を味わい楽しみ、かつ学ぶにいたっている。このような点から現代の「観光」の構造を分析してみると**図1-4**のように表される。すなわち「観光」客は「観光したい」という心の動きに刺激され（**図1-4**中の「B」）、「観光対象におもむく」ことで始まる**図1-4**の「A」、そして観光対象にふれて、そこから「一定の観光効果（満足）が得られた」際（**図1-4**中の「D」）は、「観光」は「目的を達成した」こ

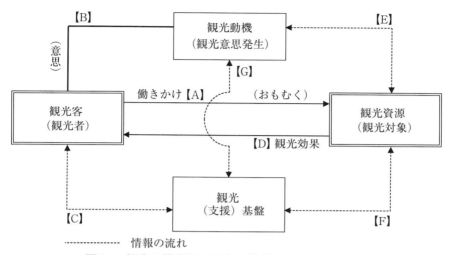

図1-4　観光の構造図─観光の構成要素とその関連─

とになる。このような一連の「観光」の動きを支えるものとして、そこに「観光支援基盤（仮称）」の存在を忘れてはならない。すなわち、交通機関、宿泊供食旅館など「観光インフラ」といわれるものである。

　そして、このような観光行動の各要素間を結んでいるものが「観光情報」であるといわれる。情報は「観光」の血液といわれるゆえんである。ここで留意すべきは、**図1-4**中の「Ａ」〜「Ｄ」の観光行動の対象「観光資源」についてである。すなわち、観光意思をもった観光客が観光対象におもむき、そこから観光効果を得るのであるが、観光対象から（期待する）観光効果が得られない場合が当然あり得る。この場合この観光行動は目的が達成されず、「観光」はその人にとって不首尾な結果に終わったと考えざるを得ない。すなわち、観光対象は期待した観光効果を観光客にもたらすことができなかったのであるから、この対象はその観光客にとっては観光資源とはならなかったと考えられる。

　したがって、「観光資源」は観光客に期待した「効果」をもたらすか否かで、単なる観光対象にとどまるものかどうかがわかれることになる。世上「観光」の対象になるものをすべて「観光資源」として考えていることには無理がある。「観光資源」は人それぞれの心理によって観光客ごとに異なると考えなければならない。若者に人気の大型テーマパークは若い観光客にとっては絶好の観光

資源といえよう。しかし、すべてIT化されたテーマパークを好まない、すなわち「自然のままの観光ができないから」という人も多いことを忘れてはならない。この場合、テーマパークはそのような人にとっては「観光資源」とはならないと考えざるを得ない。しかし、大多数の人々にとって、いわば最大公約数的に観光効果をもたらすと考えられる観光対象は「観光資源」としてみなすほうが観光構造を理解しやすい。そのための説明上のいわば"みなし資源"と考えられる。

（5）「産業観光」の特性

　「産業観光」は"ものづくり"の「観光」である。"ものづくり"（産業）は人間の歴史的ないとなみで太古の昔から人間生活を支える活動として取り組まれてきた。産業革命などを経て生産手段の近代化、効率化が進み大量生産が可能になって産業活動は幅広い展開をみせる。一方、そのような人間の暮らしを支える産業の実態を理解したいとの欲望が高まり、"ものづくり"が各地の「光」（美しいもの、優れたもの）をつくり出すものとなって多くの人々が見学（観光）に訪れるようになる。そのような学習観光的性格の強い観光行動である。「産業観光」（インダストリアルツーリズム）は欧米諸国から起こり、今の世界的なニューツーリズムの一つとして普及してきた。「ものづくり」が観光対象となったことは「産業観光」がつぎのような特色ある観光手法として定着し得たことによる。

地域と住民（暮らし）に密着した「観光」であること

　産業（ものづくり）は人間が暮らしをいとなむうえで不可欠のいとなみであり、人類の歴史と同じ発展過程を進めている。そして、より効率的なものづくりに努め、生活を豊かにするため人々は各地のものづくりの手法を見学して、その技を学び、またその生産物に接して自らのものづくりのよりよい手法開発への足がかりとしてきた。このため、より効率的なものづくりの手法を学ぶため、楽しみつつ各地の"ものづくり"現場、製品などを見学、学習する「観光」が盛んになってきた。産業はそれぞれの地域に根ざしたものづくりであり、また人々の生活に密着したものと考えられる。したがって、その見学体験を内容

とする「産業観光」によって「ものづくり」を通じて地域（住民）と観光客の
コミュニケーションがはかられ、「ものづくりの心」の交流を伴う真の「観光」
に発展し得たのである。

着地型の「観光」であること

　「観光」は情報によって推進されるが、多くの場合この情報は観光ガイドブッ
クによって得られるものが中心であった。ガイドブック所載の観光情報は発行
元の記者が観光地を取材して書いているもので、正確な情報ではあるが発地（観
光客の発地であり東京大阪など出版社所在地でもある地域居住者の）目線に
たった情報が中心である。したがって、発地（観光客）側からの期待ないし意
向がそれとなく繁栄された情報にかたよりがちである。真の「観光」のために
は、あくまで観光地に居住する人々の目線から発した着地（観光地）目線の情
報が必要であるし、京都で東山、嵯峨一帯に観光客が集中して観光公害といわ
れるような異常混雑を呈するのは、このような発地目線の情報の偏在によると
考えざるを得ないからである。京都市民の中には観光客に真の京都の良さを味
わってもらえると考えている観光スポットに、あまり観光客が訪れない方がよ
いと複雑な思いでいる人々が多い。このことは着地（観光地）の目線にたった
着地発の情報発信が不足しているからにほかならない。

“三位一体”の旅行であること

　「産業観光」は「見る」「学ぶ」「体験する」の三位一体の幅の広い「観光」
を特色とする。また、そのため単なる「見物（見学）」だけでなく「学び」「体
験」するので三つの要素を内容とする「観光」であることが「産業観光」の特
色である。したがって、「産業観光」はこのような幅の広い「観光」としての
展開を期待したい。

“まちづくり”につながる「観光」であること

　産業はまちに根ざすものである。また、産業によってつくられたまちも多い。
このため、「産業観光」はまちそのものの「観光」に発展してはじめて、真の「観
光」とすることができる。「まちの観光」に発展する幅の広い「観光」出発点

につくことを期待したい。また、この「観光」を通じて観光客の心証の中で「心」
のまちづくりが実現することも期待される。

　「産業観光」はこのような特性をもつ「観光」である。まちの観光を観光客
が各自の「心」の中で模索していくような「観光」でありたい。

（6）「産業観光」の推進の前提

ビジネスモデルの構築

　「産業観光」を持続的観光とするためには「観光」によるビジネスモデル構
築がその前提となる。「産業観光」は沿革的理由もあり未構築のものが多い。
たとえば工場工房公開はもともと企業のPR活動として始まったものが多い。
また、産業生産物の販売宣伝のために工場見学を始めたことが動機となった所
もある。したがって、工場見学（観光）は無料がほとんどであった。観光客が
増加して観光客への案内説明のための要員手配をする場合の人件費負担ないし
は人手確保のために、さらに観光客への案内資料作成、また観光受け入れに伴
う諸雑費の発生などが次第にかさみ、公開を中止もしくは入場制限の動きが出
始めるようになった。すなわち、工場は観光客のビジネスモデルを再構築しな
いと持続的観光とならないからである。

　しかし、直ちに見学料を収受するのにも無理があり、公開中止を検討する動
きも出てくるようになった。この対策として見学（観光）を単なる見学にとど
まらず、さまざまな付加価値を追加してひとつの事業として展開する必要があ
る。実例をあげると、三重県下の工場（先端技術導入を見学対象としている工
場）で見学客を受け入れるに際して工場の特色、とくに先端技術モデル工場と
なった経緯とその概況などについて専門家による見学（観光）客のための啓蒙
講座を開くことを考えた、いわば「工場に学ぶ」というようなブランド名で人
材育成事業として参加者を募集（日時予約）するかたちをとって有料化した。
すなわち、上記の講座受講料を作業体験のための材料費（自作の製品売上のか
たちをとる）などの負担として求める「学習観光ツアー」商品にまとめ販売す
ることによってビジネスモデル構築に成功した例がある。

　結果を聞くと、有料となったために返ってその学習効果に期待が高まり、来
場者が増えた由である。また、食品、化粧品などの実用品の工場見学の場合は、

施設の売店食堂は、たった今、生産現場で作業を見学してきた生産物である商品を扱う（食料品などを味わい、また土産として購入する大型売店を付設して、その収入で所要の経費をカバーしている例「食品の工場に実例あり」）など、さまざまな工夫がなされて「産業観光」客の誘致をビジネスの一部として積極的に取り組む企業も各地で増加してきている。

　「産業観光」もこのようなビジネスモデルを構築して持続する観光として進めるようになってきた。また、工場は無料見学でも所在のまちには大勢の観光（見学）客が訪れる（某市では自動車工場見学に年間数十万人の観光客のあるところも）のである。全体としてみた際は、資金の循環が盛大におこなわれるところもある。その収益をまち全体でプールすることを考え、持続的観光から「産業観光」を発展させるための資力が得られているところもあることも記しておきたい。

　このような努力が結実すれば「産業観光」は大規模な持続的観光としての発展が期待できるのではないかと考えられる。

受入体制の整備

　操業中の作業（生産）現場を見学対象にする場合は、観光客の安全確保と円滑な操業継続（操業中の工場工房の見学に価値がある）の両立が求められる。

（7）「産業観光」今後の課題

　「産業観光」はニューツーリズムのひとつで本格的な取り組みが始まってまだ日が浅い。

　愛知県で万博が開かれたおり、会場面積は制約があったので市内の産業博物館、大規模工場の見学などを万博の補完として推進したのが最近の経緯である。本格展開のためには、以下の課題解決に取り組むことに努め、また、その取り組む努力そのものが、新産業観光にもなると考えて展開を図りたいと考えている。

産業観光ネットワークの構築

　産業は分野ごとに観光対象が多数地域にわかれて存在している。しかし、も

のづくり、とくに近代産業においては、それらが相互に連携してシステム産業を構築して相互補完しつつ協働してその成果を発揮するものが多い。コンビナートなどがその例である。したがって、「産業観光」にあっても観光対象同士が連携して観光ネットワークを組んで観光客を迎えることが求められる。たとえば原料、生産、搬出、加工、製品にいたるいくつかの隔地所在の観光対象が観光客受入ネットワークを構築して、相互連携して情報発信に努めることが必要である。「産業観光」はそれ自体観光システムを構築して進めるべき「観光」と考えられる。同一企業内でのさまざまな工場訪問を連携して受け入れることはもちろん、一歩進んで関連の深い異社異業種についても観光ネットワークを構築して広範囲に、また、業種横断的に観光客を迎えることが必要である。生産の性格上、本来、異業種間連携が必要なものについて、会社別の壁で連携が不十分な例が往々見受けられる。むしろ「観光」からこのようなネットワークをいち早く構築し、それが生産活動の異社異業種間連携の動機となるよう取り組むべきではないだろうか。

「産業観光」の国際展開

　「産業観光」は、その本格的発祥が1950年（昭和25年）のフランス経営者協会の取り組みであったように、欧米諸国がその先進国である。鉄道を例にとっても日本には本格的な鉄道博物館は数館が算えるにすぎないが、ドイツ、スイス、イギリスなどでは日本ならば一県庁所在地程度のまちごとにかならず鉄道博物館があると聞く。「産業観光」がものづくりへの理解を深め、後継者の育成につながる「観光」であることを考える時、「産業観光」先進国に学んで観光対象となる資料資産の保存公開に努めるほか、積極的に工場公開を進め人材育成につながる「産業観光」を展開する必要がある。企業ノウハウ秘匿のため「産業観光」の国際展開に躊躇する動きがあるが、ノウハウを守りつつ観光対象とすることも、充分可能と考えられるので積極的な「産業観光」の国際展開を図ることが期待される。

教育との連携

　「産業観光」は人材育成にもつながる重要な学習観光である。日本には小中

表 1-1　「産業観光資源」の分類（例示）

分野別	製造業加工業等	鉱業	エネルギー産業	交通・通信	農林漁業	諸施設
歴史的産業文化財（遺産）※明治初期以前	たたら 手織器 からくり ろくろ 醸造器具 のぼり窯 紡績器 製紙具 漆器具 各種工具器具	旧鉱山（金山、炭田、銅山等）	風車 水車 発火具 古水道 溜池	かご 人力車 荷車 橋 のろし 半鐘台 ろかい舟 船着場 古灯台 運河	農具 漁具 林業器具 塩田 漁船 伝統的漁法 耕作	（産業）博物館、資料館
近代化産業文化財（遺産）※明治中期〜昭和	自動機械 工作機械 醸造機器 陶器工場 製鉄所 各種製造工場 加工場	炭鉱等各種鉱山 採石場、製鉄所	発電所 浄水場 ダム	動力船 造船所 灯台 鉄道車両 鉄道構造物（トンネル等） 自動車 通信設備 道路構造物 港湾・荷役施設 閘門 航空機	動力漁船 農業機械 製鉄所 林業器具 漁業器具	
生産現場（工場、工房）※現在稼働中のもの	各種工場 事業場 工房	各種鉱山 作業設備	発電所 ダム 浄水場 ガス工場 コジェネシステム	鉄道現場（駅、工場等） 造船所 空港 港湾	農場（田畑） 果樹園 （養）魚場 森林	見学用モデル工場・工房
体験	ショッピング 工場・工房作業の一部（製糸、染織、製紙、作陶）	砂金採取	発火具（火打石） 手動発電	乗車船体験	農業体験 漁業体験 林業体験 ショッピング 試食	資料館 工場等施設 産業テーマパークの体験コーナー 売店

●立地による分類（主な例）

鉱山都市型（小坂、日立、新居浜）
繊維都市型（桐生、足利、富岡）
近代産業都市型（富山、諏訪、名古屋、豊田）
電源地域型（黒部、木曽川、猪苗代）
港湾地域型（小樽、門司、横浜、神戸）
海洋地域型（富山湾、瀬戸内海、志摩）
大都市型〔フルセット〕（名古屋、東京、大阪）
農業地域型（能登棚田、富山散村）
総合資源集積型（琵琶湖疎水、碓氷峠）

●観光形態による分類

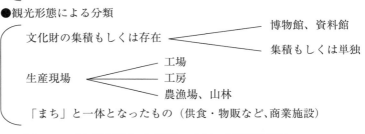

図1-5　「産業観光」の分類　－立地・形態別分類－

学校を中心に日本独特の修学旅行という教育行事があり、この実施率は極めて高い。教育活動の一環として行われる学習観光がその内容となっているが、ここで「産業観光」をそのテーマとして取り上げ、産業国日本の人材育成のベースとすることが望ましい。そして近隣諸国などから日本への「産業観光」学生団体を誘致することによって日本のものづくりを近隣諸国の若者に理解させることが今後の日本経済、とくに国際貿易促進のために重要な方策といえよう。「産業観光」と教育の連携こそ、まさに急務である。

　上記のような課題に取り組みつつ、日本ならではの「産業観光」をそれぞれの地域の実情に応じて展開し、それによって観光の大観光地集中の害を防ぎ、国土の均衡ある発展を人的行動の面から実現することが今まさに求められているといえよう。

　「産業観光」こそ、楽しみつつ学ぶ「産業大国」日本にとって最もふさわしい「観光」ではないだろうか。

第2章　産業観光の先進事例を知る
～産業観光による全国の地域づくり～

丁野　朗

（1）産業観光の系譜と発展からみる多様なバリエーション

　「産業」の資源が「観光」になる。こんな現象が市民権を得たのはおそらく1990年代以降のことであろう。いわゆる「産業観光」と呼ばれる新たな観光の形態である。これらは、1990年代に、二つの大きな系譜・流れのもとに発展し、今日の姿として定着してきた。

　その一つは、近代の象徴でもある「産業遺産」（industrial heritage）とその活用の系譜、もう一つは現役の工場・工房など、生産現場の見学・視察や体験といった系譜である。

　最初の「産業遺産」活用の系譜では、古くは前近代からある伝統産業に係る遺産と、近代以降の、いわゆる「近代化産業遺産」[注1]がある。人間の自然への働きかけは、農耕技術の発展とともに大規模化したが、これら農業などの遺産、とりわけ灌漑施設・治水施設などの土木遺産をはじめ、商品経済の成立・発展とともに各地に残る製造施設やインフラ、商業施設などの遺構なども、広い意味で産業遺産に含まれる。

　今日大きな注目を集めているのは、近代以降の鉱工業などの遺構である。20世紀は「工業の時代」といわれるが、近代の革新的技術の発明・導入、世界規模のマーケットの成立が、大規模な生産と流通、これらに係る多様な近代産業を生み出した。わが国では欧米の近代化に遅れること約百年、19世紀末から始まった「産業革命」を通じて、欧米へのキャッチアップに成功し、戦後の高度成長時代を通じて、世界に冠たる工業国家・ものづくり国家としての成功を収めた。

　しかし、これらの飛躍的な発展の反面で、「公害」という負の社会問題、人口の都市集中に伴う大都市問題や景観破壊、コミュニティ崩壊、地域経済の疲弊といった、大きな代償を伴った。わが国がいまだ深刻な公害問題に悩む1972年（昭和47年）、資源・人口・経済・環境破壊などの全地球的な問題に対処す

るために設立されたローマクラブは『成長の限界』を提言した。この年に開催されたユネスコ総会では、遺跡・景観・自然など、人類が共有すべき「顕著な普遍的価値」を持つ物件を保存するための世界遺産条約（「世界の文化遺産及び自然遺産の保護に関する条約」）が締結された年でもあった。わが国が世界遺産条約を批准したのは、欧米諸国から20年遅れの1992年（平成４年）のことである。その最初のシンボルになったのが、1996年（平成７年）に世界遺産に登録された広島・原爆ドーム（Atomic Bomb Dome）である。いわば、近代の「負の遺産」[注2]の象徴でもあった原爆ドームの世界遺産登録は、私達の近代に対する眼差しの大きな転換点を象徴する出来事でもあった。

　以来、産業系の遺産は、石見銀山（「石見銀山遺跡とその文化的景観」）の世界遺産登録（2007年（平成19年））や、2014年（平成26年）の富岡製糸場（「富岡製糸場と絹産業遺産群」）、さらには2015年（平成27年）の「明治日本の産業革命遺産」など、各地の産業遺産が大きな注目を集めるに至っている。

　こうした動きと並行して、2015年（平成27年）に創設された文化庁の「日本遺産（Japan Heritage）」[注3]は、2023年（令和５年）１月現在、全国で104件の物語を認定しているが、この中で概ね明治以降の近現代の認定物語は15件程度に達する。なかには、北海道開発のシンボルである炭鉄港（たんてつこう）や安積疏水（あさかそすい）（福島県郡山市）、琵琶湖疏水（京都市・大津市）、海を越えた鉄道（福井県敦賀市・滋賀県長浜市ほか）、生野銀山の銀の馬車道（兵庫県）、関門海峡（下関市・北九州市）、森林鐵道とゆずロード（高知県）など、誠に興味深い物語が認定されている。

　他方、もう一つの系譜である、現役稼働の工場・工房など、生産現場の見学・視察や体験を主とする産業観光は、わが国では激甚な公害の経験を経た1960年代に、一般国民を対象に工場などを視察・見学して頂くという、いわば企業の広報普及戦略の一環としてスタートした。その後、1990年代に入ると、とくに食品や飲料、繊維あるいは産業系のミュージアムなどが主となり、不特定多数の見学者を団体で受け入れるなど、大衆化が進んだ。

　当初、これら産業観光を受け入れる企業の目的・動機としては、CSR（企業の社会的責任；corporate social responsibility）や広報宣伝が主であり、逆にいえば、一定の企業予算のもとに展開するがゆえに、入場者数に制限を設けた

り、工場が稼働しない土日祝日などの見学を受け入れないなど、観光という観点からみると、少なからず問題を抱えていたことは否めない。

　しかし2000年前後頃から、食品・飲料や繊維など、消費者に直結し、製造品が土産としても大量に売れるような業種を中心に、産業観光事業そのものが収益事業となるケースが増加した。なかには年間50万人以上の見学者を受け入れ、年間30億〜50億円もの売り上げを計上する事例も少なくない。

　さらに近年は、新潟県燕・三条の「工場の祭典」や、岐阜県関市ほかの「工場の参観日」、2021年度（令和3年度）からスタートした石川県小松市の「GEMBA」プロジェクト、福井県鯖江市の「RENEW」など、工業や産業集積地単位で、地域ぐるみの受け入れを促進し、産業観光エリアとしてブランディングするようなケースも少なくない。

　このように産業観光には、多様なバリエーションがあり、それぞれの歴史や特徴から、その編集・活用にも大きな多様性と可能性を秘めている（図2-1）。

産業観光の対象は、産業の遺産から現役稼動、古くからある伝統産業から先端作業まで実に広い。それぞれのコンテンツに個性があり、その活用にも多くのバリエーションがある。

稼動（現役）産業

伝統産業　　　　　　　　　　　　　　　　　　　　　　先端産業

産業構造

図2-1　「産業観光」の多様なバリエーション

注）筆者作成

（2）産業観光事業のいくつかの類型

　産業観光は極めて多様だが、これらを提供する事業主体（企業など）からみても、その狙いやターゲットとする「顧客」層はそれぞれ異なる。1970年代の公害激甚期には、近隣住民を対象とするものも多かったが、その後、修学旅行や教育旅行などの体験学習、主にビジネス客などを対象とする視察旅行、特別なテーマを重視するSIT（Special Interest Tour）客、団体・個人などの多様な一般来訪客（観光客）など、多様な顧客層に広がっている。これらは、産業観光の運営者側の受入メリットと顧客側のニーズが交差するところで、現実の産業観光の事業が展開されている。

　このように、実際の事業は、極めて多岐・多様にわたるが、ここでは産業観光の代表的なパターンとして以下の7つの戦略視点について整理しておきたい。

> ①企業の広報・CSRとしての産業観光
> ②企業ビジネスとしての産業観光
> ③企業および製品ブランド化のための産業観光
> ④地域投資機会としての産業観光
> ⑤世界遺産活用とヘリテージツーリズム（Heritage Tourism）
> ⑥最先端技術・産業を観光交流に活かす
> ⑦産業・技術をアート（芸術）で魅せる

①企業の広報・CSRとしての産業観光

　産業観光に取り組む動機・目的の多くは、今でも企業の広報・CSRである。

　これらの企業では、地域住民や消費者に向けた広報・PRをはじめ、取引先企業への広報・PR、子供たちへのものづくり教育や地域教育への貢献、就職希望者へのリクルートなど、多様な目的のもとに事業を展開している。さらに、一般消費財を扱う事業所では、新製品などの提供とテストマーケティングや製品などのPR機会の確保、といったさまざまな目的をもつものも多い。

　企業の広報・CSRを目的とする事例は極めて多いが、その草分けともいうべき事例の一つ、名古屋の「産業技術記念館（TOYOTA Commemorative Museum of Industry and Technology）、通称、トヨタテクノミュージアム」は、

トヨタグループ発祥の地、旧豊田紡織
本社工場跡地に1994年（平成6年）6
月に開館した。事業主体・管理主体と
もトヨタグループである。旧豊田紡織
本社工場は、創業者・豊田佐吉翁によ
り、1911年（明治44年）に建設された
赤煉瓦造の建物で、そのファサードの
一部を保存してミュージアムとした。

　展示は繊維機械関連と自動車関連に
わかれ、「繊維機械館」「自動車館」と
してテーマ展示されている。敷地内に
は、かつての豊田紡績本社事務所も修

写真 2-1　記念館内に展示される無停
止杼換式豊田自動織機（G型）

注）筆者撮影

復され、佐吉翁による設計図や取得した特許証などのゆかりの品などを展示す
る「トヨタグループ館」として運用されている。

　館内の展示物はほとんどが動態展示であり、歴史的な技術進歩を、実演を通
じてつぶさに体感できる点が優れている。愛知県内を中心に学校の野外学習の
拠点としても多用され、博物館が配布する学習素材を、それぞれの学校・担当
教諭などが、自ら加工して子供たちの教育にあたっている[注4]。

　企業のCSRは、企業利益の追求だけでなく、企業活動が社会へ与える影響に

写真 2-2　産業技術記念館（名古屋市）の外観　館内の殆どの機械が動態展示

注）筆者撮影

責任をもち、あらゆるステークホルダー（利害関係者：消費者、投資家など、および社会全体）からの要求に対して適切な意思決定をすることを主目的とするものである。その一環としての産業観光への取組は、企業創業者の強い思いや、地域とともに歩む企業の理念に沿った事業展開でもあり、優れた活動として評価される。

　ただ、CSR活動には安定した企業経営が前提であり、企業規模の大小にかかわらず、経営が不安定になると、その活動を縮小するといった側面も否めない。

②企業ビジネスとしての産業観光

　他方、現状ではまだまだ多数派にはなっていないが、産業観光を企業としての事業（収益事業）として位置付けた展開を図る事例も増加している。産業観光も企業活動の一環であるならば、その投資を収益という形で回収し、持続的な事業として展開するといった考え方であり、消費者に直結し、製品の販売などに繋がる食品・飲料・繊維あるいは企業ミュージアムなどの業種・業態に多く見られる。

　実際、食品や飲料など、日々の暮らしの中でなじみのある製品では、その製造工程や製造体験などは極めて興味深く、思いがけない発見もあって人気が高い。

　これらの事業所では、「工場をご覧頂く」という従来型の産業観光から一歩進んで、とくに興味深い製造工程を見学用に新たに投資するという「ご覧頂くための工場（factorypark）」として新規投資するものが少なくない。Factoryparkは「Factory＋park」の和製語で、元来の意味は、工場の敷地内に設置された庭園や池・博物館などのことで、地域住民が自由に出入りできるようにして、企業の社会貢献、地域への利益還元という姿勢を打ち出し、イメージアップや人材確保につなげようとするものである。

　たとえば、愛媛県今治市の「タオルミュージアム（タオル博物館ICHIHIRO）」がある。地元のタオルメーカー「一広株式会社」が、2000年（平成12年）4月にオープンしたミュージアムで、地域の自然とタオルアートの融合、癒しのスペースをコンセプトとしている。5階建ての建物外観は、ヨーロッパの城をイメージしているが、館内には10台のジャガード機が設置され、綿花

写真 2-3　タオルミュージアム（タオル博物館 ICHIHIRO）

注 1 ）筆者撮影
注 2 ）館内には 120 mのタオル製造ライン（現役稼働）がある。

　から糸になるまでの紡績工程にタオルの製織工程を実際の機械を使用して展示
する製造現場でもある。屋外には 1 万坪の地形・自然を活かしたヨーロピアン
ガーデンがあり、まさに自然の中の工房・ミュージアムでもある。タオルを使っ
たタオルアートや西日本最大面積を誇るタオルの物販コーナー、四国瀬戸内物
産コーナー、フォション社の紅茶を味わえるミュージアムカフェなどに加え、
本格的中国料理も味わえる本格的なテーマミュージアムでもある。 3 階のタオ
ル工房では、購入したタオル製品に刺繍で名前を入れることもできる。
　タオルミュージアムは年間30万人以上の観光客を集め、客単価も高いことか
ら、投資回収も順調といわれている。
　また、今治の地で確立した「タオル美術館」のブランドを、全国のデパート
や大型ショッピングセンターなどにも積極展開し、いまや全国60店舗以上に拡
大するなど、産業観光を起点としたショップ・ネットワークを構築した製品展
開を図っている。

③企業および製品ブランド化のための産業観光

　視点としては、既述の「企業の広報・CSRとしての産業観光」や「企業ビジネスとしての産業観光」と重なる部分が多いが、第3の視点としては、企業および製品のブランド価値を高め、結果的に企業としての競争力を高めるといった戦略がある。

　この戦略では、工場やミュージアムで直接的な事業収益を得るといった考え方は必ずしもとらず、むしろ企業の広報・CSRの一環として事業展開されているものが多いが、結果として企業や製品のブランド力を高め、中長期の企業競争力や収益性の向上を狙っていくといった考え方である。

　その典型になると思われる事例として、たとえば化粧品の資生堂の産業観光への取組みにおいては、この考え方が明確である。

　静岡県掛川市に1978年（昭和53年）に完成した「資生堂アートハウス」は、2002年（平成12年）のリニューアルを機に、美術館としての機能を高め、近現代のすぐれた美術品を収集・保存し、これらを一般公開する文化施設として活動している。コレクションの中核は、資生堂が文化芸術支援活動の一環として、東京・銀座の資生堂ギャラリーを会場に開催してきた「椿会美術展」や「現代工藝展」などに出品された絵画、彫刻、工芸品である。

　アートハウスの建築は高宮真介・谷口吉生氏の設計で、1980年（昭和55年）

写真 2-4　資生堂アートハウス（静岡県掛川市）

　資料）産業観光推進会議「産業観光の手法　企業と地域をどう活性化するか」
　　　（学芸出版社、2014 年 11 月）

写真 2-5　資生堂企業資料館（東京都銀座）

資料）産業観光推進会議「産業観光の手法　企業と地域をどう活性化するか」
（学芸出版社、2014年11月）

には「日本建築学会賞」を受賞。2010年（平成22年）には、「長く地域の環境
に貢献し、風雪を耐え、美しく維持され、社会に対して建築の意義を語りかけ
てきた建築物」と「その建築物を美しく育て上げることに寄与した人々」を顕
彰する「JIA25年賞」（第9回）を受賞した。

　資生堂では、閉鎖した鎌倉工場とともに、中国からの化粧品関連の視察・見
学者を意識的に誘致し、彼（彼女）らの口コミで自社製品のファンをつくると
いった戦略も展開していた。残念ながら、中国との政治的摩擦やコロナ禍のた
め、訪日客が激減、結局、主力生産はベトナムに移転している。しかし、この
事例は、とくに海外顧客に対するインセンティブツアーなどを通じたブランド
化戦略であり、産業観光の新たな可能性を示唆していたものと思われる。

④地域投資機会としての産業観光

　産業観光への取組みには、専用の視察コースの設営をはじめ、ミュージアム
や展示室、専用のガイドやパンフレットなどに少なくない投資を必要とする。
これらの投資は、入場料や自社製品や土産物の販売、レストランなどの事業収
入などによって回収を図るというのが「企業ビジネスとしての産業観光」の考
え方だが、これは「売れるもの」をもっている食品・飲料、繊維製品や最終消
費財メーカーなどでは比較的容易にできる。

　しかし、いわゆる重厚長大型の業種・企業では、こうした展開は現実的では

ない。実際、これら重厚長大産業で施設公開にかかる経費を回収できているとする事業所は、わずか数％に止まっているのが現状である。だが、本業が重厚長大型の製造業であっても、いわゆる観光交流ビジネスやサービス業分野に乗り出す企業はけっして少なくない。多くは関連会社などを設立して、産業観光事業などに取り組むケースも少なくない。企業として地域に投資しビジネス化することは、ある意味、当然の流れともいえる。

　そんな事例の一つに、富山県黒部市に拠点のあるYKK黒部事業所がある。YKKは、もともとファスニング事業・建材事業・工機の３部門によるグローバル経営を展開し、世界６極による地域経営を基本としている。とくにスライドファスナーの分野では世界シェアの約45％を占め、世界70カ国・122の地域に拠点を持っている。

　YKKは、1934年（昭和９年）に創業者吉田忠雄氏が東京東日本橋にサンエス商会を設立し、ファスナーの加工・販売を開始したのが発端だが、終戦直前の東京大空襲で焼失、現在の富山県魚津市の鉄鋼所を買収、以来、魚津・黒部が中核的な生産拠点となった。創業者の吉田忠雄氏は魚津の出身だが、彼が説く理念「善の循環」は、小学生の時読んだという、アメリカの鉄鋼王・アンドリュー・カーネギー伝にある言葉、「他人の利益を図らずして、自ら栄えることはできない」が根底にある。自分の儲けよりも人を喜ばせること、消費者、地元、関連企業、そして従業員、すべてに利益が還元されて初めて、自らの理念が生きるという考え方である。

　これはCSRの雛型ともいえる考え方だが、YKKでは、その理念に沿って発祥の地、黒部に創業75周年にあたる2009年（平成21年）、産業観光施設としての位置付けももつ「YKKセンターパーク」を誕生させた。

　パーク内には、創業者・吉田忠雄記念室、展示ホールを併設し、事業所の管理棟としての機能をもつ「YKK50ビル」、YKKグループの技術の歩みを紹介する「丸屋根展示館」、さらには黒部川扇状地に生育していた森の再生をめざす「ふるさとの森」などがある。平日だけでなく、土・日・祝日も開園し、施設を自由に見学、散策することができる。

　また、センターパークの一般公開にあわせ、当初は、100％子会社の株式会社黒部ツアーズによるバス運行プログラムも用意した。黒部市内のホテルを発

写真2-6　YKK黒部事業所　「YKK50ビル」と「丸屋根展示館」

注）筆者撮影

写真2-7　黒部漁協が投資・運営する道の駅「魚の駅」

注）筆者撮影

着場所として専用バスで地域の観光スポットと黒部事業所内の施設および工場を見学するスタイルのガイドツアーである。工場見学と地域の観光スポットを結ぶユニークな試みである。

　こうした自社内の取組みに止まらず、YKKでは近隣の黒部漁港に漁協が出資して運営する道の駅「魚の駅」（2004年発足）への投資や、北陸新幹線の黒部宇奈月温泉駅の裏手にある新川牧場への投資など、地域の新たな産業創造・地域発展に対しても支援している。

　企業規模の大小や業種の如何をとわず、発祥の地やゆかりの地域に対する企業投資は、これからの産業観光の重要な手法の一つになるものと思われる。

⑤世界遺産活用とヘリテージツーリズム（Heritage Tourism）

〈近代化遺産総合調査をきっかけとした産業遺産への注目〉

　欧米では、早くから近代化遺産など歴史的な産業遺構がツーリズムの対象となってきた。近代化遺産^(注5)は、製鐵所や造船所、製糸場などの工場設備や

機械、鉱山や橋梁、ダム、トンネル、発電所、鉄道などの土木建造物、さらには河川や港湾施設など、幕末以降の日本の近代化を支えた文化遺産の総体を捉える概念である。従来の文化財遺産保護制度では必ずしも対象となりにくかったものだが、近代の遺産に対する再評価の動きが強まるにつれ、これらを活用した産業観光が脚光を浴びるようになってきた。

そのきっかけとなったのが、文化庁が1990年（平成2年）から開始した全国の近代化遺産に関する総合的な調査（「近代化遺産総合調査：原則2県／年」）である。この調査がきっかけとなり、全国の近代化産業遺産の丹念な発掘と文化財指定の動きが、やがて観光面にも大きな影響を及ぼすこととなった。1993年（平成5年）には、重要文化財建造物の種別として正式に「近代化遺産」が新設され、群馬県の碓氷峠鉄道施設（第2橋梁から第6橋梁までの橋梁群など）と秋田県の藤倉水源地水道施設が指定を受けた。これら重要文化財に指定を受けた近代化遺産は、主なものだけでも全国に100件近くに上る。

さらに、1996年（平成8年）に文化財保護法の改正で新設された「登録文化財」制度は、建物内部の大胆な改造も可能で、活用しながら保全するといった、近代化遺産活用に向けた大きな転機ともなった。

時期的には少し後になるが、経済産業省でも、産業遺産を地域活性化のために有効活用する観点から、2007年（平成19年）に「産業遺産活用委員会」を設置し、各地に現存する産業遺産を調査・公募した。その結果、計66群からなる近代化産業遺産ストーリーが公表され、これらを構成する1154施設が認定された。これら産業遺産の中には、その後世界遺産や日本遺産に認定されたものも数多い。

〈日本の産業遺産と世界遺産への取組み〉

世界遺産には、実に多様な産業遺産が登録されているが、この中で、産業遺産分野としては、わが国では、石見銀山遺跡とその文化的景観が最初に世界遺産登録された。

石見銀山（島根県大田市）は、日本の戦国時代後期から江戸時代前期にかけて最盛期を迎えた日本最大の銀山であり、最盛期には世界の銀の1／3を産出したと推定されている。

写真 2-8　石見銀山①

注）左：最大規模の大久保間歩　右：龍源寺間歩（ともに筆者撮影）

写真 2-9　石見銀山②

注）左　石見銀山世界遺産センター有料展示室　右　大森集落のまちなみ（筆者撮影）

　「東西文明交流に影響を与え、自然と調和した文化的景観を形作っている、世界に類を見ない鉱山である」として世界遺産登録を目指し、2007年（平成19年）に世界遺産に登録された。日本の世界遺産登録としては14件目、産業遺産としてはアジア初の登録となった。

　石見銀山に続き、「富岡製糸場と絹産業遺産群」も2014年（平成26年）に世界遺産に登録された。既に2007年（平成19年）には世界遺産暫定一覧表への追加記載をへて、2012年（平成24年）7月、文化庁文化審議会世界文化遺産特別委員会において、「富岡製糸場と絹産業遺産群」を世界遺産へ推薦することが了承された。

　「富岡製糸場と絹産業遺産群」は、1872年（明治5年）にフランスからの技

富岡製糸場

田島弥平旧宅

高山社跡

荒船風穴

写真 2-10　富岡製糸場と絹産業遺産群
注）富岡製糸場は筆者撮影、他 3 枚は群馬県立世界遺産センター提供

術導入によって操業を開始したが、長い間生産量が限られていた生糸の大量生産を実現した「技術革新」が高く評価されている。日本が開発した生糸の大量生産技術は、かつて一部特権階級のものであった絹を世界中の人々に広め、その生活や文化をさらに豊かなものに変えたという点に大きな意義がある。

　構成資産としては、富岡製糸場（近代技術による日本初の本格的製糸工場、ほぼ完全に残る唯一の官営工場）はもとより、田島弥平旧宅（瓦屋根に換気設備を取り付けた近代養蚕農家の原型）、高山社跡（日本の近代養蚕法の標準「清温育」を開発した場）、荒船風穴（自然の冷気を利用した日本最大規模の蚕種

写真 2-11　琵琶湖疎水関連の産業遺産

注）　左：旧御所水道ポンプ室と疏水船の乗下船場　中：復活した琵琶湖疏水通船、右：
蹴上インクライン南禅寺船溜まり。正面は船を引き揚げたポンプ室（いずれも筆者
撮影）

貯蔵施設）の４つである。

　富岡では、2007年（平成19年）の暫定リスト登録前後から、観光客が大幅に
増加し、交通渋滞の解消と動線を確保するために、外周部３か所に大型の駐車
場を整備、中心部には徒歩で散策して頂く仕組みを整備した。このため製糸場
への通路にあたる商店街などは、活気を取り戻し、まちの再生が進んだ。しか
し石見銀山も富岡製糸場も、登録時の一時的なブームが去り、またコロナ禍の
大きな影響もあり、現在は観光客が激減。改めて戦略の練り直しが求められて
いる。

　これらの動きに続いて、2015年（平成27年）には、「明治日本の産業革命遺産」
も世界遺産登録された。

　明治日本の産業革命遺産は、九州（福岡県、佐賀県、長崎県、熊本県、鹿児
島県）・山口県を中心に、静岡県や岩手県を含む８県11市に広域に分散してい
るため、その活用、とりわけ観光など来訪者の確保には多くの工夫が必要であ
る。

　申請当初、これら広域地域に点在する遺産群を四つの柱（自力による近代化、
積極的な西洋の最先端技術の導入、国内外の石炭需要への対応、重工業化への
転換）を軸としてストーリーを構築した。

　しかし、これほどの広域に亘る資源を活用という観点からみれば、上記のよ
うなストーリーとともに、これらの視察・観光のためのプログラムづくりや現
地でのガイドなどの受入体制の整備が大きな課題といえよう。

〈日本遺産と近代化産業遺産〉

　日本遺産（Japan Heritage）」は、2023年（令和5年）1月現在、全国で104件の物語と三つの候補地域を認定している。日本遺産全体の中では近世・江戸時代のものが最も多いが、近年は幕末から近代の遺産も数多く認定されている。その紹介は、紙数の関係で割愛するが、その一つ、京都の琵琶湖疏水（「京都と大津を繋ぐ希望の水路・琵琶湖疏水」2020年認定）の事例を紹介したい。

　琵琶湖の水を都に引く構想は、もともと平清盛の時代にまで遡る「奇想」であった。延長2436mの琵琶湖疏水第1トンネルの掘削工事は困難を極めた。工事に先立ち2本の竪坑を掘った。これも工期短縮を図る「奇想」であった。工事を指揮したのは工部大学校（後の東京大学）を卒業したばかりの技師・田邉朔郎。まさに日本最初の竪坑であり、日本人だけの手による世紀の大土木工事である。

　1869年（明治2年）の東京奠都（とうきょうてんと）により、京都の産業は急激に衰退、人口も急減した。このため政府は産業勧業金や洛中の地子免除、産業基立金の下賜を決定し、京都の産業復興を図った。そのシンボルプロジェクトの一つが琵琶湖疏水の大工事であった。この事業は1930年代の世界大恐慌時のテネシーバレー開発を想起する。疏水工事中、田邉らはアメリカコロラド州アスペンの銀山で視察した水力発電所で得た知見から、蹴上と岡崎間の落差を活かして、日本初の営業用発電所（蹴上発電所）を建設。その電力で、京都・伏見間に日本初の電気鉄道（路面電車）を走らせ、紡績、伸銅、機械、タバコなどの新しい産業の振興を図った。まさに「近代工業都市」京都の誕生である。琵琶湖疏水は、まさに「陽気発する處（ようきはっするところ）」となったのである。

　事業を最初に手掛けたのが、疏水を管理・運営する京都市上下水道局であった点も大きな特色であった。今後は、京都から取水口の大津にいたる琵琶湖疏水関連の拠点施設を一体的にフィールドミュージアムとして活用すること、疏水沿線の山科区や大津市、伏見区など、京都観光の新しい魅力を創造し、観光の分散を図ること、などがあげられている。

　すでに2018年（平成30年）には大津から蹴上までの「びわこ疏水船」が就航し、大変な人気になっている。さらに、今後注目されるのは、蹴上インクライ

ンの復元である。蹴上から先は大きな落差があり、このため蹴上船溜まりと琵琶湖疏水記念館前の南禅寺船溜まりを台車に船を載せて上下した、延長640mの傾斜鐵道である。すでに地盤調査も進められている。

⑥最先端技術・産業を観光交流に活かす

　航空宇宙や環境、新エネルギー、健康長寿、情報通信、先端素材、ナノテクノロジー、バイオテクノロジーなど、いわゆる先端産業や技術分野も、産業観光の重要な対象分野の一つである。

　たとえば、先端医療技術・産業分野でも新たな観光資源（メディカル・ツーリズム）として注目されている。観光庁では既に2009年（平成21年）から、「インバウンド医療観光に関する研究会」を設置し、医療観光に先陣を切っているタイ、マレーシア、シンガポール、韓国などとの差別化を図りながら、わが国の医療技術の強みや医療システムの優位性を観光分野に活かす取り組みを開始した。

　医療観光分野では、大別すると、①健診分野（人間ドック、PET検診などの高度な技術と医療機器を活かす）、②治療分野（先端医療分野における世界トップクラスの医療水準を活かす）、③美容や健康増進（長寿大国日本が誇る温泉療養、美容エステ、健康食などの癒し・美容・健康文化などを活かす）といった戦略がターゲットになっている。

　②の先端治療分野の例として、鹿児島県指宿市にあるメディポリス指宿の事例を紹介したい。メディポリス指宿は、（財）メディポリス医学研究財団が運営する、癌粒子線治療研究施設を核に、先端医療、予防医学、こころのケア、トランスレーショナルの4分野を柱とする事業である。2006年（平成18年）3

写真 2-12　メディアポリス指宿
左：メディポリス指宿の外観　中右：粒子線治療施設（いずれも筆者撮影）

月の財団設立以降、同年8月には、これら治療施設に加えて、宿泊棟（86室）、大会議室、講堂、セラミックスパ・岩盤浴、屋内プール、アスレチック施設などの滞在型施設をもつ、総合医療施設となった。宿泊施設「天珠の館」は、もともとあった公共の宿・グリーンピアを買収し大幅な改造を加えたものだが、2013年（平成25年）4月には「指宿ベイテラス　HOTEL＆SPA」に名称変更し、患者だけでなく、より多くの方々のためのリゾートタイプのホテルとして新たなスタートを切った。

　指宿はもともと温泉で有名だが、患者やその家族は「メディポリス」や指宿市内の温泉などで滞在しながら治療を受けるというスタイルである。メディポリスだけでなく、指宿のまち全体をメディカルタウンとして活かすといった考え方が背景にある。

⑦産業・技術をアート（芸術）で魅せる

〈産業遺産とアート〉

　産業観光が注目される時代背景には、「産業と文化が融合する時代」がある。もともとARTには「美術・芸術」と「技術」という二つの意味があり、本来、近い関係にある。英語のARTはラテン語のARS（アルス）に対応し、日本語では「芸術」と訳されたが、ARSはギリシア語のテクネーに相当し、本来は芸術というより、自然に対置される人間の「技」や「技術」を意味する言葉であった。

　近年は、その産業（技術）を美術・芸術の視点から光をあてるといった見せ方が、近年目立つようになってきた。たとえば、瀬戸内海に浮かぶ犬島は、1909年（明治42年）に銅製錬所として操業を開始。1919年（大正8年）までのわずか10年間しか操業しなかった遺構群がある。島のシンボルは空にそびえる何本もの赤茶けた煉瓦の煙突である。100年前に封鎖（閉鎖）され、時間が止まったままの「製錬所」が、新たに犬島製錬所美術館として生まれかわり、瀬戸内国際芸術祭の主舞台の一つになっている。今や人口100人足らずの島だが、芸術祭の開会中は多くの人々が訪れる。

　著名な類似例では、ドイツルール地方、エムシャー川流域の重化学工業地帯再生計画、「エムシャーパーク国際建築展覧会（略称IBAエムシャーパーク）」

写真2-13　犬島の製錬所跡と犬島精練所美術館

注）福武財団より

でも、地域再生の核の一つとしてARTやデザインが位置付けられた。

　事業地の一角にあるティッセン社の製鉄所跡を活用したデュイスブルグ北景観公園では、操業を中止した製鉄所を、高炉など稼働時の機械設備・建屋をモニュメントとして全て保存したまま、公園化した。200ヘクタールに及ぶ広大な空間で、風致公園だけではなく、バザーやコンサート会場、構築物を利用したロッククライミングなどの遊び空間としても活用している。この製鉄所周辺には、ガスタンクを利用した産業ミュージアム、炭鉱施設を再整備した展示コンベンション施設などがあり、地域の固有性やデザインを地域再生に活用している。

〈工場夜景と光のアート〉

　これまで日常的と思われていた工場の夜景も、多くの人びとにとっては非（異）日常となり、そのことが工場など現場や近代化遺産が新たな注目を集める背景となっている。川崎や北九州、四日市といった工業都市では、誰も気にもとめなかった景観だが、これが日常の生活とは疎遠になり、非日常になるにつれて、これを「美しい」と表現する人々が現れた。川崎などでは、工場夜景バスツアーや大人の社会科見学ツアー、さらには船上から夜景を眺める工場夜

写真 2-14　工場夜景

注）左　北九州の工場夜景　右　川崎扇橋の工場夜景（ともに全国工場夜景都市協議会
ホームページより引用）

景クルーズなどが数多く行われている。そればかりか、最近は、はとバスの定
期観光コースにも組み込まれている。

　工場夜景はなぜ人気があるのか。その理由は深堀が必要だが、a. 工場とい
う景観が既に非日常化（希少化）したこと、b. しかも珍しい夜景であること、c.
いつもと違う海からの動線・視線も楽しめること、などが背景にあるものと思
われる。

　これら工場夜景は、地域ごとに異なっている。それは工場の業種・業態（製
造品目）の違いがあり、高さ、色、点滅のタイミングなど、どれとして同じも
のがないことも興味の対象かもしれない。しかし、24時間365日の不夜城の中
には、ここで働く人々の労働・生活のストーリーがあり、そのことも併せて伝
えられるようなガイド上の工夫も不可欠である。

（3）産業観光の課題と発展の可能性

　本稿では、産業観光を産業や都市・文化など、地域資源の総体を「産業」「技
術」「匠の技」といった視点から編集し活用するための視点を書いた。

　同じ地域資源を「エコ（環境）」という視点から編集すれば、これらを「エコ・
ツーリズム」と呼ぶことができるし、「ヘルス（健康や医療）」という視点で

編集すれば「ヘルス（メディカル）ツーリズム」と呼ぶことができる。

　言うまでもなく、産業観光の第一義的な対象資源は、地域の工場や工房などのものづくり現場やこれらの遺産などである。すでに活動を停止した遺産は別として、産業は生きた現場であり、その変化のスピードは早い。伝統産業といえども、時代の価値観や消費者ニーズと常に向き合い、不断のイノベーションを図っていくことで、持続性を獲得することができる。逆にイノベーションが図られなければ、どんなに歴史のある伝統産業といえども、消滅の危機にさらされてしまう。

　最後に、産業観光が次世代にむけて課せられた課題や発展の可能性について、重要と思われる課題について触れておきたい。

「産業思想」教育の場としての産業観光

　産業観光は、ものづくりの現場に人々の関心を向かわせる格好の生きた教材である。子供たちの教育旅行や修学旅行はもとより、現場から遠ざかった大人たちも、産業観光を通じて、知らず知らずのうちに「産業教育」を受けていることになる。産業観光のもつ、こうした教育的機能、「産業教育」の場としての機能は、わが国が、新たな産業立国としての道を再生するうえで大きな役割を果たすものといえる。

新たな地域ビジネス創出の手段としての産業観光

　産業観光は、今や年間7000万人以上の人々が参加する、ニューツーリズムの旗手的存在にまで発展した。産業観光のコンテンツを有する工場・事業所、中小工房などの事業主体からみても、収益の期待できる新たな投資分野として注目されはじめている。とくに、食品・飲料・繊維などの業種では、自社製品のブランド化と新たなビジネス分野を切り開く格好の投資機会にもなっている。消費財など最終製品をもたない重厚長大型の産業であっても、観光をはじめとする地域サービス業分野の開拓を通じた、地域投資の機会にもなり得る。

　産業観光は、このような地域におけるビジネス創出のための格好の素材を提供するものであり、これら地域投資を通じて、地域経済の活性化や雇用創出をもたらすものとして大きな期待がもてる分野である。

諸外国向けのMICE市場としての産業観光

日本の産業発展の歴史や今日の先端産業・技術、とりわけ自然との共生の中で持続的な発展をとげた日本の産業・技術は、アジア諸国からも大きな注目を集めている。工場現場はもとより、企業が設営するミュージアムなどには、海外からの視察が多く、外国語標記のパンフレットや案内看板はもとより、外国人向けのガイドを養成・配置する企業も増えてきた。

近年、観光分野でも注目されているMICEは、産業観光分野の新たな活動領域としても注目される。とくに、海外に展開する日本企業が、現地の従業員や取引先企業などを対象に行うインセンティブツアー（incentive tour）の対象として産業観光に取り組めば、企業のブランド価値向上と製品の国際的取引拡大にもつながる有力な手法となる。

地域アイデンティティーと誇り（プライド）のシンボルとしての産業観光

近年は各地域でブランド産品の創設や地域そのもののブランド化に力を注いでいるが、産業観光を通じた地域の産業と都市発展、その中で育まれてきた文化や産品を総合的に学ぶことによって、地域ブランドの本当の意味を理解できるだけでなく、地域の人々の誇り（プライド）の再確認が可能となる。

今日、昔からある伝統的な「観光地」が大きな曲がり角を迎えているといわれる。観光は、集客のための一種の「装置」と捉えることができるが、その装置が時代の価値観や個客ニーズとのミスマッチを起していることが原因であろう。装置は一度出来上がると、その骨格を変えるには大きな努力が必要である。しかし、現代の個客ニーズをしっかりと捉え、再び、観光地としての再生を図るには、地域資源の新たな編集視点を確立し、その視点に沿った再生戦略が不可欠である。

多様な編集視点を総合する産業観光

すでに繰り返しふれてきたが、地域の産業は人口集積（都市）を形成し、その都市活動が、地域の個性あふれる地域文化を醸成してきた。その意味で、産業は地域のあらゆる資源を総合する基本的な視座となる。今や世界の産業と都市が緊密なネットワークで結ばれた時代であるが、それぞれの地域の産業形成

の歴史の中に、地域のブランドやプライドの源泉があることは間違いない。

〔注〕

（注1）「近代化産業遺産」は、2007年（平成19年）に33件「近代化産業遺産群」575施設など認定、続いて2008年（平成20年）に続33群として540件の施設などを認定、公表された。

（注2）「負の遺産（世界遺産）」とは、戦争か公害などに関連する遺産で、人類が犯した悲惨なできごとを後世の戒めとして用いられている用語だが、ユネスコが公式にそのような分類・表記をしているわけではなく、明確な定義も存在しない。

（注3）文化庁が2015年（平成27年）に設けた制度。地域の歴史的魅力や特色を通じてわが国の文化・伝統を語るストーリーを「日本遺産（Japan Heritage）」として認定し、ストーリーを語る上で不可欠な魅力ある有形・無形のさまざまな文化財群を総合的に活用する取組を支援している。

（注4）トヨタ産業技術記念館では、小学5年生を対象とした体験学習をサポートするプログラムを開発。第5学年の学習内容を体験することでより理解を深めるとともに、児童の能動的な学習を促すようにしている（トヨタ産業技術記念館ホームページより）。

（注5）近代化遺産とは、製鉄所、造船所、製糸場などの工場設備や機械、鉱山、橋、ダム、トンネル、発電所、鉄道などの建造物、さらには河川施設や港湾施設など、幕末以降の日本の近代化を支えた総体を文化遺産として捉える概念である。その用語は、1990年（平成2年）から文化庁の支援で、各都道府県教育委員会が全国の近代化遺産の状況についての調査（「近代化遺産総合調査」）を実施するに先立ち、文化庁が造語したものである。

【事例①】 産業観光に取り組む民間企業の事例「YKK センターパーク」

塩見　一三男

（1）YKKセンターパーク概要

　世界約70の国と地域で事業を展開しているYKKグループは、黒部事業所の一部をYKKセンターパークとして整備し一般に開放している。センターパーク内の丸屋根展示館では、ファスナーや窓の仕組みと歴史、創業者・吉田忠雄の経営理念や人生、YKKグループ技術の歩みについて紹介し、「ファスナー手作り体験」（要予約・有料）も実施。展示館に隣接するカフェ＆ラウンジでは、オリジナルグッズやYKKブラジル農園直輸入のコーヒーを挽きたて淹れたてで販売している。

丸屋根展示館

　　開館時間　　9：00 ～ 16：30
　　休館日　　　月曜日（祝日の場合は翌平日）、年末年始、特定日
　　入場料　　　無料
　　お問合せ　　YKKセンターパーク（黒部ツーリズム株式会社）
　　　　　　　　〒938-8601富山県黒部市吉田200　Tᴇʟ：0765-54-8181
　　　　　　　　http://www.ykkcenterpark.jp/

YKK センターパーク

注）YKK 株式会社より 提供

丸屋根展示館１号館

ファスナーや窓の作られ方、創業者吉田忠雄の経営理念や思想について分かりやすく紹介

丸屋根展示館２号館

YKK グループの技術の歩みや歴史を紹介。人気のファスナー手作り体験も行っている

カフェ＆ラウンジ

北アルプスやふるさとの森を望める開放的な休憩スペース。YKK ブラジル農園直輸入の自家焙煎コーヒーやオリジナルグッズも販売。

ファスナー手作り体験

創業当時の手作業を再現し、ファスナーをつくっていただきます。つくったファスナーはキーホルダーとして持ちかえることができる。
（有料、事前の予約）

ふるさとの森

黒部本来の自然の再生をめざし、黒部川扇状地に自生していた樹木の種子から苗木を育て、20種２万本を植樹し、森が変遷する様子を継続して観察している。

注）写真はYKK株式会社より提供

（２）YKKグループによる産業観光の変遷

　YKKグループによる産業観光は、富山県の優れたものづくりを活かした産業観光に取り組みたいという富山県知事からの要請をきっかけに2006年（平成18年）から始まる。現在までの産業観光の取組は大きく３つのステージに分割することができる。それぞれについて紹介する。

　第１ステージは、2006年（平成18年）から2008年（平成20年）にかけて、

表　YKK センターパークによる産業観光の変遷

ステージ	位置づけ	産業観光の方式	産業観光の内容
第1ステージ 2006 （平成18） 〜2008 （平成20）	産業観光の導入	指定コース型 ガイド添乗方式	産業観光バスツアー 「YKK TOURS」 ・黒部市内ホテル発着 ・生地清水紹介 ・吉田忠雄記念室、展示ホール ・工場バスツアー
第2ステージ 2009 （平成21） 〜2014 （平成26）	地域開放施設の試行	開放型 ガイド選択方式	地域開放施設 「YKK センターパーク」 ・吉田忠雄記念室、展示ホール ・丸屋根展示館 ・ふるさとの森 ・ビジターセンター （サービス施設） ・工場バスツアー
第3ステージ 2015 （平成27）〜	地域開放施設の確立	集客型 自由見学・催事参加方式	セミ・ミュージアムパーク 「YKK センターパーク」 ・丸屋根展示館1号館 ・丸屋根展示館2号館 ・ふるさとの森 ・カフェ&ラウンジ ※工場見学のない企業文化施設

注）YKK 株式会社の資料に基づき筆者が作成

YKKセンターパークがまだ完成していない段階である。産業観光としてのバスツアー「YKK TOURS」は、その名のとおり、あらかじめ指定したコースをガイドが添乗する専用バスで巡るスタイルでスタートした。見学場所はYKKグループの施設だけではなく、“清水（しょうず）”など水の豊富な黒部の地域特性の紹介も行われていた。

　続く、2009年（平成21年）から2014年（平成26年）にかけての6年間が第2ステージである。この時からYKKセンターパークの供用が始まる。この施設を産業観光としてどのように使っていくのかを試行した時期と評価できる。第1ステージにみられた地域資源を紹介する内容はなくなり、YKKグループの取組に特化した内容となっている。また、すべての利用者が団体でバス移動をしていた第1ステージとは異なり、専用バスでの工場見学と前後の時間に、自

由にセンターパークを見学できるように変更された。

　最後の第3ステージは、2015年（平成27年）から現在にいたる期間である。YKKセンターパークを地域開放施設として活用する方向性が確立した時期と評価できる。第3ステージの特徴のひとつとして、「工場バスツアー」が無くなったことがあげられる。産業観光の魅力のひとつはものづくりの現場を体感できることにあるが、YKKグループは第1・第2ステージの経験を踏まえて、その魅力をみせることから撤退したことになる。YKKでは製品をつくる製造機械を自社内で開発・製造しているため、不特定多数の人に製造ラインをみせることは、技術の流出につながる恐れがあるためである。産業観光には、このようなリスクが常につきまとう取組といえる。

　第3ステージの産業観光は、YKKセンターパークを地域開放施設として位置づけ、自由見学を中心とする一方で、地域の団体や施設と連携し、さまざまな催事を企画・実施している。たとえば、黒部川扇状地にある産業施設を周遊する見学会やふるさとの森を活用した県内小学生を対象にした環境教育プログラムを実施している。また、コロナ禍の際は対人接触を控える観点から、家族だけで自由に散策、観察できるようふるさとの森で見ることができる動物や植物を紹介した探検マップを配布したり、見学者だけでファスナーブレスレットづくりなどができる無人ワークショップが設けられた。

（3）会社概要

〈YKK株式会社〉

創業	1934年（昭和9年）1月1日
本社所在地	東京都千代田区神田和泉町1
黒部事業所	富山県吉田200

〈YKKグループ〉

事業内容	ファスニング加工機械及び建材加工機械等および建材商品の製造・販売
グループ会社	世界72カ国／地域　108社（2023年3月末）
従業員数	44,527人（2023年3月末）

本社機能を有する技術の総本山「黒部事業所」

　約6500名（2023年時点）の従業員を有する黒部事業所は、YKKグループ内では"技術の総本山"と位置づけられている。YKKグループには二つの事業の柱がある。一つは、ファスナーなどを製造する「ファスニング事業」、もう一つは、建材商品などを製造する「AP事業」である。黒部事業所は、これら二つの事業の技術・開発の中核拠点としての役割を担っている。また、世界72カ国／地域に事業を展開しているため、世界各地の製造拠点の技術力を一定水準に保つことが求められている。黒部事業所はそれらのモデル工場としての役割も担っている。こうしたところから"技術の総本山"と呼ばれるのである。

　2015年（平成27年）3月から2016年（平成28年）4月にかけて、YKKグループは東京本社にある本社機能の一部を黒部事業所に移転している。この間、首都圏から黒部事業所に異動した社員は約230名である。このような決断を下した背景には、東日本大震災での貴重な経験があった。企業が災害などの事態に遭遇したときでも事業を継続していくためには、司令塔としての本社機能が動き続ける必要があるが、東日本大震災の際には、東京本社も被災したため、黒部事業所に対策本部が置かれたという経験を踏まえ、複数の場所で本社機能をシェアする決断を下したのである。当時は東京一極集中の是正と人口減少の緩和を目的とした「地方創生」という政策が立ち上がった頃である。YKKグループのとったこの行動は、本社機能の地方移転を推進する国にとっては、理想的な取組と映ったようである。地方創生の視点から参考とすべき事例として取り上げられたものである。

　本社機能の一部移転による異動は社員だけではない。家族を伴って黒部に異動してくる社員もいる。また、YKKグループ内には定期的な人事異動がある。本社機能が一部移転した年度限りではなく、毎年のように黒部事業所の社員の異動が繰りかえされるのである。さらに、黒部事業所が世界のモデル工場であることは、世界各地の製造拠点から技術力を学ぶためにさまざまな国籍の社員が黒部を訪れることを意味する。彼らは技術習得のために一定期間、黒部に滞在する。それが毎年のように繰りかえされるのである。黒部事業所があることによって、国内・国外から数多くの人々が黒部を訪れて、一定期間生活を送る

ことになる。YKKグループは、彼らに対して良好な生活をサポートするための取組も行っている。良好な居住環境を提供するための「パッシブタウン」を整備し、タウン内には海外からの来訪者向けのハラル対応国際レストランも開設している。また、黒部市・交通事業者と連携し、地域交通を充実させるための公共交通の社会実験にも取り組んでいる。

　これらの取組をみると、YKKグループにとっては"技術の総本山"としての役割が期待される黒部事業所であるが、別の見方をするならば、黒部市のまちづくりを進める上で、黒部事業所は、とても重要なプレイヤーであるともいえる。

「ふるさとの森」と産業観光の関係

　YKKによる黒部工場（現　牧野工場）の稼働は1955年（昭和33年）のことである。それ以前の黒部の地はどういう風景であったのだろうか。黒部川扇状地の中央に広がる黒部事業所の周辺地域は、かつては黒部川によってもたらされる洪水の多発地域であったという。当時の航空写真を見ると、黒部事業所の周辺には、幾度もの洪水に耐え抜いてきた種々の小さな森が点在していたことがわかる。現在、黒部事業所の周辺から周囲を見渡しても、そのような風景の名残を見いだすことは難しいところである。この"失われつつある黒部本来の自然"を少しでも残していこうとする取組が「ふるさとの森」なのである。

　2034年。この年はYKKが創業100年を向かえる節目の年である。その時、ふるさとの森が黒部の原風景を再現する豊かな森となっていることを目指して取組は進められている。ふるさとの森とは、黒部事業所の一部を活用して、黒部川扇状地に生息していたシラカシやクルミ、ツバキなどの植生を再現するとともに、絶滅危惧種の保護なども進める自然再生プロジェクトである。YKKグループが産業観光をスタートした2006年（平成18年）に、ふるさとの森の取組もスタートする。地元の山地に自生している樹木の種を採取し、苗木を育てるところから始まるのである。その数は約2万本。この取組に2年間かかる。つぎのステップは2008年（平成20年）から4年間をかけて、その2万本の苗木を植えていく作業である。社員、社員の家族、OB、地域の方々の協力を得ながら、まさにYKKグループと地域が一体となった活動といえる。植樹は2012年（平

成24年）に終了するのだが、その７年後の2019年（令和元年）の調査によれば、絶滅危惧種26種を含む318種の生物が確認されている。黒部の原風景が着実に戻りつつあるといえる。

　最後は、YKKグループにとってのふるさとの森の意義を考えてみよう。基本コンセプトは「原風景を再現してつながる黒部とYKKグループ」である。これを解説すると、「ふるさとの森づくりを行うことを通じて、“YKKグループ”という営利法人の経済的行為は、“黒部”という地域社会や自然環境と、切っても切れない密接な“つながり”の関係にあることを確認すること」と言い換えることができる。すなわち、ふるさとの森の取組は、企業活動と自然・地域との繋がりの重要性を伝えているのである。産業観光は企業活動に含まれる取組であるが、一般的な産業観光施設においては、“ものづくり”という企業活動の一部を詳細に解説するところが大半である。しかしYKKグループの産業観光はそれだけではない。ふるさとの森の存在がとても大きい。つまり、YKKグループが100年にわたるものづくりを続けるためには、黒部の原風景の存在や地域社会との良好な関係があったればこそ可能であることを教えてくれるのである。他の産業観光施設ではなかなか味わえない気づきといえる。この点がYKKグループの産業観光の大きな魅力のひとつである。

　以上、YKKグループの産業観光の取組をみてきたが、現在の第３ステージが完成形ではない。YKKグループの企業活動が不変ということはない。社会の要請を踏まえてプロダクトは変わっていく。そして、黒部事業所を取り巻く自然環境や地域社会も変化していくだろう。このような変化を踏まえながら、YKKグループの産業観光はこれからも形を変えながら、人々にメッセージを伝えていくのである。

第3章　私たちの地域の産業を理解する
～富山県の産業構造と特徴～

中村　和之

（1）産業の経済活動をどうやって測る？

　本章では、地域の産業構造を理解するうえで有用な観点を解説するとともに、それに沿って富山県内の産業の特徴を概説する。加えて、今後の富山県内の産業が直面する課題についても考えたい。

　産業観光は、地域の経済活動を支える産業の現在の姿やその成り立ちを知ることによって、私たちの暮らしを支える社会の基盤を発見、理解する行為である[注1]。私たちは地域に根付く産業の過去から現在にいたる歩みをつぶさに知ることによって、その背後にある歴史や文化も含めた地域社会の姿を理解できる。産業観光のコンテンツを提供する企業にとっては、観光客がさまざまな体験を通じてブランドロイヤリティを高める効果を期待できる[注2]。

　地域の多様性が、産業を知るための活動を観光として成り立たせる理由である。地域の多様性は、それぞれの地域で営まれている生産活動の規模や産業別にみた特徴を抽出することで一層明らかになる。産業という本来的には観光目的ではない対象からより多くの発見や学びを得るためには、それぞれの地域における産業が経済社会の中で果たしている役割を知ることが大切である。

　地域における産業活動の規模や特徴を何で捉えればよいのだろうか。地域における産業の姿を捉えるためには、その地域だけでなく、他の地域と定量的に比較できることが望ましい。企業の利益は1つの指標であるが、企業活動の成果の一部しか捉えていない。また、企業の売上額も活動規模をあらわす指標であるが、売上額を地域単位で集計すると、取引が細分化されるほど増えてしまう。たとえば、部品から最終製品まで一貫生産している企業が立地する地域と、部品と最終製品を生産する企業が別々に存在する地域とでは、同額の最終製品を生産していたとしても、地域の売上額は後者において大きくなる。

　経済活動の実態を踏まえつつ企業（生産者）の生産活動の規模を測る指標として付加価値がある。付加価値は、生産額から中間投入額を差し引くことによっ

て求められる^(注3)。中間投入とは生産の過程で使用された原材料などを指す。たとえば、ある大学の大学祭でサークルがたこ焼きの模擬店を出店したとしよう。このとき、売上が10万円だったとする。また、原材料（小麦粉やたこ、紅ショウガなど）が3万円、ガスや電気などに1万円、チラシの作成に2万円かかっていたとする。これらが中間投入のすべてだとすれば、模擬店の付加価値は4万円（＝10－3－1－2）である。

　付加価値は当該企業（生産者）の生産活動の成果をあらわす。その定義から明らかなように、他の企業による生産活動の成果を重複して計上することはない。模擬店の例でいえば、他の生産者が生産した原材料や燃料、チラシなど6万円分を用いて10万円分の生産物を生み出している。この差額の4万円が、新たに手間暇をかけて模擬店が生み出した成果である。

　付加価値は生産者が得た所得でもある。模擬店の例でいえば、付加価値の4万円はサークルの活動経費になるのかもしれない。より一般的には、付加価値には、そこで働いた人に支払われる賃金、土地を貸してくれた人に支払われる地代、資金を提供してくれた人に支払う利子、生産者の利益である利潤などが含まれ、それぞれの人や企業の所得になる。

　個々の生産者が得た付加価値を国や地域単位で合計すると国や都道府県でみた付加価値を得る^(注4)。国内で生産活動を行う生産者が得た付加価値を合計した値が国内総生産（GDP）である。また、都道府県別にみた付加価値額を県内総生産（GRP）という^(注5)。

　図3-1は2019年度の県内総生産を都道府県別に図示している。富山県の同年度の県内総生産は4兆9102億円である。**図3-1**をみれば東京都の総生産が突出して大きい。しかし、東京都には日本の総人口の約11％が集中しており、この差異には東京都の人口規模が大きいという要因も含まれている。

　そこで**図3-2**は県内で就業している人（県内就業者）あたりでみた県内総生産を図示している。富山県の県内就業者あたり県内総生産は854万円である。就業者あたりでみると都道府県間の差異は小さくなるが、それでも都道府県間で差異がある。

　このような地域間の違いには、地域における産業の構成、生産技術の違い、製品やサービスの販路となる市場の大きさなど、いくつかの理由が考えられる。

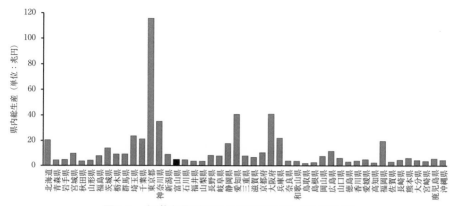

図3-1　都道府県別に見た県内総生産（2019年度）

資料）内閣府『県民経済計算』に基づき作成。

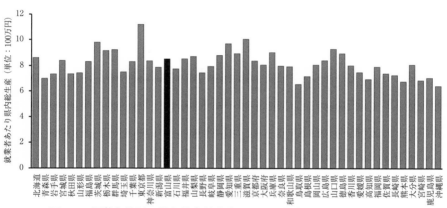

図3-2　都道府県別に見た県内就業者あたりの県内総生産（2019年度）

資料）内閣府『県民経済計算』に基づき作成

また、総額や就業者あたりでみた県内総生産が類似した水準にあっても、その中身は異なる。以下では地域の産業の特徴を知るための指標や観点を考えよう。

（2）地域の産業の特徴を何で捉える？

　産業とは経済活動によって生み出されるモノやサービス（財）について似通ったものを類型化した概念である。たとえば、農林漁業を第1次産業、鉱業・建設業・製造業を第2次産業、サービス業を含むその他の産業を第3次産業とす

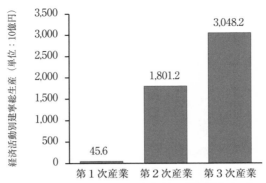

図3-3　経済活動別に見た富山県の県内総生産（2019年度）

資料）内閣府『県民経済計算』に基づき作成。
注）第1次産業は農林漁業、第2次産業は鉱業、製造業、建設業、第3次産業は電気
・ガス・水道・廃棄物処理業、卸売・小売業、運輸・郵便業、宿泊・飲食サービ
ス業、情報通信業、金融・保険業、不動産業、専門・科学技術、業務支援サービ
ス業、公務、教育、保健衛生・社会事業、その他サービス、をそれぞれ含む。

る分類はなじみ深いものだろう。公式統計では「日本標準産業分類」にしたがっ
た大分類、中分類、小分類、細分類といった分類が用いられる。

　県内総生産は付加価値を生み出した産業（経済活動）別に分解できる。産業
別の県内総生産（付加価値）をみると、その地域では何を生産するために県内
の資源（労働力や機械・設備など）がどれほど投じられているかが分かる。

　図3-3は富山県内の県内総生産を第1次産業、第2次産業、第3次産業の別
に表している。これによれば、富山県内の第1次産業の県内総生産は456億円、
第2次産業は1兆8012億円、第3次産業は3兆482億円である[注6]。

　産業別の県内総生産（付加価値）は地域の産業構造を知るうえで重要な指標
であるが、それだけで地域の特徴が言い尽くされているわけではない。**図3-3**
では、第3次産業の規模が最も大きくなっているが、このことだけで富山県の
特徴的な産業は第3次産業にあるとはいえない。なぜなら、たとえ規模は小さ
くとも、他の地域と比較して相対的に大きな規模を示す産業も地域を特徴づけ
る産業といえるからである。

　地域の産業の特徴を理解するために、私たちの暮らしは外国や国内の他地域
との交易で成り立っていることに着目しよう。地域の暮らしがすべて地域内の
経済活動で完結しているならば、人々の生活様式に大きな違いがない限り、地

域間でみた需要の違いは小さく、産業の構成に地域間で大きな違いは生じない
だろう。しかしながら、私たちは、得意な財をたくさんつくって他地域に売る
とともに、苦手な財を他地域から買っている。この得手不得手こそが地域にお
ける産業の特徴をあらわすものに他ならない。

　地域が得意とする産業を見出すための簡便な指標が産業別の「特化係数」で
ある。特化係数とは、ある県のある産業の付加価値がその県の付加価値総額に
占める割合と、全国で見たその産業の付加価値が付加価値総額に占める割合の
比率である。すなわち、j県におけるi産業の特化係数は以下で求められる。

$$j県のi産業の特化係数 = \frac{j県のi産業の付加価値 \div j県全体の付加価値}{国全体で見たi産業の付加価値 \div 国全体の付加価値}$$

　たとえば、県民経済計算によれば2019年の富山県における第1次産業（農林
漁業）の付加価値額は457億円であり、これは県内産業の付加価値総額の0.93％
に相当する。一方、国全体では第1次産業の付加価値が全産業の付加価値に占
める割合は0.92％であった。このとき、富山県の第1次産業の特化係数は、0.93
÷0.92＝1.01である。

　特化係数の値が1を超えていると、その産業の地域経済に占める構成比は国
全体でみた産業の構成比よりも高く、当該地域にはその産業が相対的に集積し
ていることが分かる。その中でも特化係数の値が高い産業ほど、地域を特徴づ
ける産業だといえる。

　図3-4は、第1次産業、第2次産業、第3次産業の別に都道府県別の特化係
数を図示したものである。富山県内産業の特化係数は第1次産業1.01、第2次
産業が1.43、第3次産業は0.85であった。ここから、富山県は製造業を中心と
する第2次産業に強みをもつことが分かる。一方、北海道、東北や九州地方に
は第1次産業の特化係数が1を大きく超える県が多く、農林漁業が特徴的な産
業だといえる。また、東京都や大阪府、福岡県は第3次産業の特化係数だけが
1を超えており、金融・保険や対事業所サービスといった産業に特徴を持つ。
富山県を含む中部地方や群馬県や栃木県などの北関東、岡山県や山口県、愛媛
県といった瀬戸内海沿岸地域は、第2次産業の特化係数が高く、いわゆる「も
のづくり県」であることが分かる。

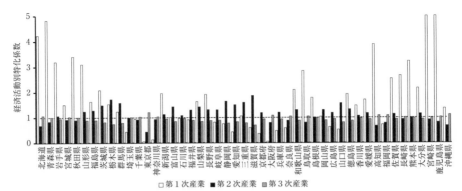

図3-4　付加価値でみた経済活動別特化係数（2019年度）

資料）内閣府『県民経済計算』に基づき作成。

　第２次産業には工場などの構築物やそこでの生産工程など産業観光の資源となり得る要素が数多く存在する。また、鉄道や電力など生産活動を支える基盤も産業観光の素材としての魅力を備える。この意味で、第２次産業に特徴を持つ富山県は産業観光の高い潜在力を持つといえる。

　交易が産業を考える上で重要だとするもうひとつの理由が、産業間の繋がりである。生産活動には人（労働）や機械・設備（資本）に加えて、原材料やエネルギー、物流などさまざまな製品やサービスが投入される。また、生産された製品は、人々が消費する他、他の企業の原材料や部品となったり、生産のために必要な機械・設備になったりする。すなわち、産業は単独で成立することはなく、他産業や他地域との繋がりがあってはじめてその活動が成り立つ。

　産業間の繋がりを俯瞰するために有用な統計が産業連関表である[注7]。産業連関表は細分化された産業ごとに、その産業がどの産業の生産物を原材料としてどれだけ使っているか、また、各産業の生産物は、原材料としてどの産業にどれだけ用いられ、家計の消費や機械設備の生産（投資）、海外への輸出にどれだけ使われているかを表したマトリクスである。

　産業連関表は国全体の生産活動という巨大なシステムの解剖図であり、その作成には膨大な作業を要するので、５年おきに推計、公表されている。国の推計結果を踏まえつつ、都道府県ごとの産業連関表が各都道府県によって同じく５年おきに推計、公表されている。富山県においても「富山県産業連関表」が

表3-1　富山県産業連関表（2015年）

（単位：10億円）

		中間需要			最終需要		（控除）移輸入	県内生産額
		第1次産業	第2次産業	第3次産業	県内最終需要	移輸出		
中間投入	第1次産業	9.4	54.5	12.5	29.3	37.6	−50.3	93.0
	第2次産業	20.0	1665.3	456.6	1365.2	3106.3	−2295.7	4317.7
	第3次産業	17.6	771.5	1222.1	3265.5	527.7	-948.0	4856.5
粗付加価値		46.0	1826.4	3165.3				
県内生産額		93.0	4317.7	4856.5				

資料）富山県『平成27年（2015年）富山県産業連関表』に基づき作成。
注）数値の丸目誤差により各列、行の合計が一致していないことがある。

Web上で公開されており、誰でもデータを入手できる[注8]。

　表3-1は2015年の富山県産業連関表を極めて簡略化して表示したものである。産業連関表本来の有用性は産業を細かく分類して、それらの相互関係や波及効果を知ることができる点にあるが、ここでは産業を第1次産業、第2次産業、第3次産業の3つに集約している。

　産業連関表を列方向（縦）に見ると、その産業の生産構造が分かる。たとえば、富山県の第2次産業の生産額は4兆3177億円であり、その生産のために第1次産業の生産物を545億円、第2次産業の生産物を1兆6653億円、第3次産業の生産物を7715億円分投入している。その結果、（粗）付加価値は1兆8264億円であることが分かる。

　産業連関表を行（横）方向に見ると、その産業の生産物の販路が分かる。たとえば、富山県の第1次産業の生産物は、第1次産業で94億円、第2次産業で545億円、第3次産業で125億円分、原材料として需要される（中間需要）とともに、県内の家計や政府による消費や設備投資などからなる県内最終需要として293億円、外国も含む県外に向けて376億円が移輸出されている。ただし、中間需要や県内最終需要の中には外国や県外で生産された生産物が503億円含まれているので、これを控除した930億円が第1次産業での県内生産額になる。

　また、各産業の粗付加価値を合計すれば、460億円＋1兆8264億円＋3兆1653億円＝5兆376億円となり、最終需要を合計した値（8兆3316億円）から移輸入（3兆2940億円）を控除した値に等しくなる[注9]。前述のように付加価値は生産への貢献に応じて分配され人々や企業の所得となる。すなわち、生産

表 3-2　投入係数表

	第 1 次産業	第 2 次産業	第 3 次産業
第 1 次産業	0.101	0.013	0.003
第 2 次産業	0.215	0.386	0.094
第 3 次産業	0.190	0.179	0.252

資料）富山県『平成 27 年（2015 年）富山県産業連関表』に基づき作成。
注）丸め誤差により各列、行の合計が一致していないことがある。

面（付加価値）と分配面（所得）、支出面（最終需要 − 移輸入）のそれぞれで
みた経済活動の規模は等しい。これを三面等価の原則という。

　産業連関表からは産業の特徴を見出すうえでさらに興味深いことが分かる。
今、産業連関表の列方向に着目して、ある産業で投入される各産業の中間投入
額をその産業の生産額で除する。この値を投入係数という。たとえば、第 2 次
産業において投入される第 3 次産業の生産物は7715億円であるから、第 2 次産
業における第 3 次産業で生産される財の投入係数は、7715億円 ÷ 4 兆3177億円
= 0.179である。投入係数はその産業の生産物を 1 円分生産するために必要な
中間投入額をあらわす。**表3-2**はこのようにして求めた投入係数を表形式で表
しており、これを投入係数行列という[注10]。

　投入係数の値が固定的だとすれば、ある産業に 1 単位の最終需要が生じたと
き、各産業において生み出される生産額を知ることができる。県内での需要（中
間需要と最終需要の合計）の一定割合は県外からの移輸入によって賄われると
考えて、各産業に生ずる波及効果をマトリクス形式で表したものを（開放型の）
逆行列係数表といい、**表3-3**のように表される[注11]。

　逆行列係数表には最終需要を満たすために各産業に生産が波及する効果が体
現されている。たとえば、第 1 次産業の生産物への最終需要が増加すると、こ
の需要を満たすために第 1 次産業の生産に用いられる中間投入物への需要が各
産業に発生する。すると、各産業ではこの需要を満たすためにそれぞれの産業
における中間投入への需要が発生して、これを満たすように生産活動が行われ
るというプロセスが繰り返される。このプロセスの落ち着く先を表したものが
逆行列表である。たとえば、**表3-3**の第 3 行目（第 3 次産業）と第 2 列目（第
2 次産業）が交差するマスで示されている0.216という値は、県内の第 2 次産
業に1000万円の最終需要が発生したとき、第 3 次産業では216万円分の生産が

表 3-3　逆行列係数表（開放型）

	第 1 次産業	第 2 次産業	第 3 次産業
第 1 次産業	1.057	0.008	0.002
第 2 次産業	0.099	1.163	0.048
第 3 次産業	0.225	0.216	1.269

資料）富山県『平成 27 年（2015 年）富山県産業連関表』に基づき作成。

表 3-4　生産誘発額

（単位：10 億円）

	県内最終需要	移輸出
第 1 次産業	25.9	67.1
第 2 次産業	677.6	3640.1
第 3 次産業	3505.9	1350.6

資料）富山県『平成 27 年（2015 年）富山県産業連関表』に基づき作成。

誘発されることを意味する。

　逆行列係数表を用いると、県内の各産業の生産活動はどのような需要に応えるものかを知ることができる。これを生産誘発額という。**表3-4**は県内需要と県外需要（移輸出）の別に各産業の生産誘発額を表している。生産誘発額は逆行列係数表の各行に県内産業への最終需要を乗ずることによって求められる[注12]。たとえば、移輸出によって誘発された第 2 次産業の生産は、逆行列表の 2 行目の各要素と産業連関表に表される各産業の移輸出額を掛け合わせることによって、0.099×376億円＋1.163×3 兆1063億円＋0.048×5277億円＝3 兆6401億円、となる。

　表3-4をみれば富山県が得意とする第 2 次産業は県外の需要に応えることで企業活動が成り立っていることが分かる。これは不思議なことではない。富山県において第 2 次産業の特化係数が 1 よりも大きいことは、他地域において富山県で生産された製品に対する需要が存在することに他ならない。このことを指して富山県における第 2 次産業は「外から稼ぐ」産業だといわれることもある。

　一方、**表3-4**より第 3 次産業の生産は主として県内の需要に応えることで成り立っていることがわかる。このことも第 3 次産業がサービス業を意味することを考えれば容易に理解できる。飲食や福祉・介護などを思い浮かべると明らかなように、サービス業ではサービス（役務）の提供とその消費が同一時点の

同一場所で行われることが多い。したがって、おのずと地域内で生ずる需要を満たすために地域内で生産が行われる。この意味で、富山県における第3次産業は県内の人々の暮らしや企業活動を支える産業だといえる。

　特化係数と産業連関表を用いた分析によって、富山県を特徴づける産業は第2次産業であり、それは他地域や関係する産業との繋がりで成り立っていることが明らかとなった。産業観光においても産業間の繋がりを意識することで、魅力的なコンテンツを構築できるだろう。

（3）富山県の産業の特徴

　前節で述べた分析の視点を踏まえつつ、富山県の産業の特徴をより詳しく考えよう。既に富山県における特徴的な産業は第2次産業であることをみてきた。この視点をさらに掘り下げるために、以下では製造業に焦点をあてる。ひとくくりに製造業といっても多くの産業が含まれる。いったいどの産業に富山県の特徴が表れているのだろうか。

　図3-5は富山県内の各産業の規模をあらわす付加価値額を横軸にとり、特化係数を縦軸にとった散布図である。産業別の付加価値額には大きな差異がある

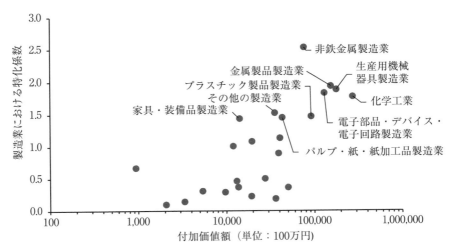

図3-5　富山県の製造業の業種別特化係数と付加価値額（2020年）

資料）総務省『令和3年経済センサス-活動調査』に基づき作成。
注）産業中分類、従業員4人以上の事業所。ただし、従業員29人以下の事業所は粗付加価値額に基づく。

ので、横軸は対数スケールで表している。この散布図の東北方向に位置する産業は、付加価値額と特化係数の双方が大きく、県内で占める規模と他地域の同じ産業との比較の両面において富山県を特徴づける産業だといえる。

　図3-5には付加価値額が100億円以上で特化係数が1.4以上の9産業の産業名を記載している。図3-5にある通り、付加価値でみた規模が最も大きい産業は「化学工業」である。ついで「生産用機械器具製造業」や「金属製品製造業」、「電子部品・デバイス・電子回路製造業」、「プラスチック製品製造業」の規模が大きい。特化係数が最も高い産業は「非鉄金属製造業」である。このほか「その他製造業」、「パルプ・紙・紙加工品製造業」「家具・装備品製造業」といった産業も特化係数が高く、付加価値額も大きい。これらの産業は富山県を特徴づける産業群だといえよう。

　このうち「化学工業」は全国有数の出荷額を示す「医薬品」を含む。ちなみにより詳細な統計を用いて2020年の富山県における医薬品の特化係数を求めると、3.47であり、特化係数でみても富山県に特徴的な産業であることが確認できる。また、「非鉄金属製造業」にはアルミニウム素材を生産、加工する企業が該当する。同時に「金属製品製造業」はアルミサッシやドアなど建築用金属製品を生産する企業を含む。「生産用機械器具製造業」は半導体製造装置や機械工具を製造する産業である。「電子部品・デバイス・電子回路製造業」には集積回路製造業や電子回路基板製造業が含まれる。また「その他製造業」はファスナー製造を含み、世界的に高いシェアを有する企業が県内に立地していることを反映している。

　これらの産業が富山県で発展した背景はいくつかある[注13]。第4章で詳細に述べられている通り、過去からの歴史的な経緯を受け継いだ形での産業の発展がみられる。医薬品はよく知られているように江戸時代の産業振興政策（売薬）の伝統を受け継ぐものであり、とくに、多様な剤形や容器に対応した生産技術が発展した。また、これも江戸期以来の高岡地域における鋳物や銅器産業の伝統をもとに金属加工産業が集積した。さらに、わが国の工業化を進める初期段階において安価で豊富な電源が開発されたことによって、電解法を用いた化学製品の生産や、電力を大量に必要とするアルミ精錬が発展した。さらに、豊富な水を活用して紙・パルプ製造業が立地した。

　同時に、富山県内の産業はときどきの市場や社会のニーズに応えてその姿を変えてきた。第2次大戦後しばらくは化学や繊維産業の構成比が高かったが、1964年に富山・高岡地区が新産業都市の指定を受けたことや、1968年に富山新港が開港したことを契機として一般機械、鉄鋼、金属製品の構成比が高まった。この結果、それまでの安価で豊富な電力や水資源を大量に使う基礎素材型の産業から工業製品型の産業構造へと転換が進んだ。さらに1984年には国からテクノポリス地域の指定を受けて電子部品や半導体関連の産業立地が進み、今日のような産業構造を示している。

　他の産業や市場との繋がりという視点から富山県の産業を考えたとき、その特徴は、いわゆるBtoB（企業対企業の取引）を主とする産業や企業が多数を占めることにある。先ほど取り上げた富山県の特徴ある産業名をみて、そこで生産される製品のイメージを明確に描ける人は多くはないだろう。富山県内には、製品を消費者に向けて販売する（BtoC）ではなく、他の生産者が中間投入として用いる部品や、製品を生産するために使われる機械装置や工具などを生産する企業が多数立地している。

　実際、2015年の国の産業連関表によれば、私たち家計は生産者価格でみたスマートフォンなどの「通信・映像・音響機器」を2兆8566億円、家電製品を含む「民生用電気機器」に2兆4468億円を支出（民間消費支出）していたが、富山県におけるこれらの産業の特化係数はそれぞれ0.29と0.08であり、私たちがこれらの製品を購入しても富山県内の企業を目にすることはほとんどない[注14]。

　しかし、これらの私たちが手に取る製品の中には富山県内の企業が得意分野とする製品が数多く使われている。2015年の国の産業連関表によれば、国内の「通信・映像・音響機器」産業に1兆円分の需要が発生すれば、国内の「電子部品」や「電子デバイス」産業に合計で2118億円の生産が誘発される。同様に国内の「民生用電気機器」産業に1兆円分の需要が生じると、国内の「電子部品」や「電子デバイス」産業に合計で1315億円の生産が誘発される。

　同様のことはわが国の基幹産業である自動車産業についてもいえる。2015年では国内全体でみて5兆3720億円（生産者価格評価）の乗用車が購入されていた。富山県には自動車部品を生産する企業やそのために必要な金型や機械・装置を生産する工場が集積している。富山県の特化係数が高く、逆行列係数も高

い「プラスチック製品」、「非鉄金属製錬・精製」、「非鉄金属加工製品」、「はん用機械」の４産業に注目すれば、国内の乗用車産業に１兆円分の最終需要が生ずると、これら４産業の生産誘発額は国内全体で1170億円になる。

　このように富山県の製造業には、消費者が直接手に取る製品を生産するのではなく、産業間の繋がりを知ってはじめて私たちの経済社会で果たしている役割や意義を理解できる企業が多数存在する。けっして目立つ製品を生産しているわけではないが、それぞれの分野で世界全体、あるいは国内でみて市場占有率がトップ水準にある企業も多い[注15]。

　したがって、そこで生産されている製品の品質の高さや生産工程での工夫を実感するためには技術や科学の素養が求められる。富山県の産業を深く理解してもらうようなわかりやすいサブコンテンツの開発が、富山県の産業観光に拡がりを持たせるうえで重要である。

（４）富山県内産業の課題

　今後の社会を考えたとき、富山県内の産業が直面する課題はいくつかある。第１の課題は人口減少である。**図3-6**は富山県内の人口の推移を図示してい

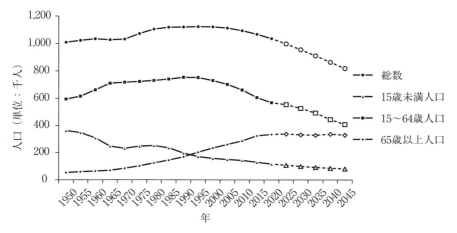

図3-6　富山県における人口の推移と将来推計

資料）富山県統計調査課（国勢調査人口）、国立社会保障・人口問題研究所『日本の地域別将来推計人口』（平成30（2018）年推計）に基づき作成。
注）2020年までは国勢調査による実数。2025年以降は平成30年推計による。

る。あわせて国立社会保障・人口問題研究所による2045年までの将来推計人口も示している。富山県の総人口が減少し始めたのは新しいことではなく、すでに1995年の国勢調査人口をピークとして減少に転じている。また、15〜64歳人口はこれよりも早く1990年をピークに減少し始めている。65歳以上人口は今後ほぼ横ばいで推移すると推計されている。その結果、総人口に占める15歳未満人口の割合は低下するとともに65歳以上人口の割合は上昇すると推計されている。国全体でみても総人口は2015年の国勢調査をピークに減少しており、総人口の減少と人口構成の高齢化が同時に進行する。

　富山県内の人口減少や人口構成の高齢化は私たちの暮らしを支える産業に大きな変化をもたらす。人口構成の高齢化に伴い介護や医療への需要が高まり、それらの産業における労働の需要は相対的に増加する。その結果、これまで県内の経済活動を支えてきた産業での人材確保が困難になることが懸念される。

　図3-7は2010年と2020年の国勢調査に基づき産業別にみた県内就業者数を比

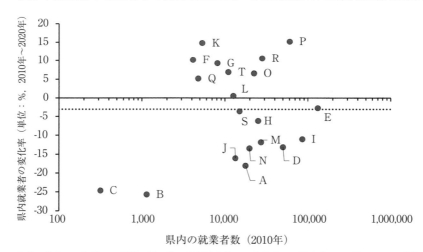

A 農業、林業、B 漁業、C 鉱業、採石業、砂利採取業、D 建設業、E 製造業、F 電気・ガス・熱供給・水道業、G 情報通信業、H 運輸業、郵便業、I 卸売業、小売業、J 金融業、保険業、K 不動産業、物品賃貸業、L 学術研究、専門・技術サービス業、M 宿泊業、飲食サービス業、N 生活関連サービス業、娯楽業、O 教育、学習支援業、P 医療、福祉、Q 複合サービス事業、R サービス業（他に分類されないもの）、S 公務（他に分類されるものを除く）、T 分類不能の産業、点線は全体の変化率。

図3-7　富山県内の産業（大分類）別就業者数（2010年〜2015年）

資料）総務省『平成22年国勢調査』『令和２年国勢調査』（従業地・通学地による人口・就業状態等集計）に基づき作成。

較している。国勢調査ベースでみると、この10年間で県内の就業者数は3.0％減少した。このうち、製造業では10年間で約2.7％減少しており、「建設業」や「卸売業、小売業」では10％を超える減少がみられる。逆に、「医療・福祉」の就業者数は10年間で約15％増加している。人口が減少するなかで、働く人の総数が減少することは避けられない。就業者あたりの付加価値額（生産性）を高めるとともに、働きたい人が働けるフレキシブルで多様な環境を整えることが求められる。

　第2の課題は企業活動に対する社会的責任の拡大への対応である。企業経営に利益の追求だけでなく、環境や人権への配慮など社会への貢献を求めることを「企業の社会的責任（CSR）」という。企業に資金を提供する機関投資家においては、環境（Environment）や社会（Society）、ガバナンス（Governance）に配慮している企業だけに投資するという「ESG投資」が浸透しつつある。さらに、国連による持続可能な開発目標（SDGs）は、貧困の解消や自然環境の保全、働く人たちの権利保護をはじめとする生活の豊かさを経済成長とともに実現させようとするものである。このような時代の潮流のなかで、企業が持続的に利益を得て成長するためには、環境や人権に積極的に貢献することを通じて消費者や投資家の支持を得ることが不可欠である。

　このことは消費者と直接の接点を持つBtoC企業だけの問題ではない。富山県の産業を支えているBtoB企業においても事情は同じである。前述のように、企業活動は関係する多くの企業との繋がりで成り立っている。原材料や部品が調達され、最終製品が生産され消費者のもとに届くまでの一連の過程を「サプライチェーン」という。最終製品を生産する企業は原材料・部品の調達から販売にいたるまでの一連の流れのすべてで社会的責任を強く求められる。その結果、環境や人権などへの配慮に欠ける企業はサプライチェーンからはじき出される。逆に、これらについて高い行動規範を定めて事業を展開する企業は、その取り組み自身が1つの資産となって企業価値を高めることができる[注16]。

　本章では、地域の産業の特徴を見出すための視点と、これに基づき富山県の産業構造を概説した。これから社会に出ていく生徒や学生が進路を模索する上でも地域の産業構造を知ることは大切である。産業観光は自らが学ぶ分野と企業が展開する事業の関係を気づかせてくれる絶好の機会である。ぜひ、産業と

いう視点から、地域と自分自身の今と将来を考える力を育んでほしい。

〔注〕

(注 1)産業観光の定義や形態については本書第1章や、Frew, E. A. *Industrial Tourism: A Conceptual and Empirical Analysis*（Doctoral dissertation, Victoria University）, 2000、並びにOtgaar, A. Towards a common agenda for the development of industrial tourism. *Tourism Management Perspectives* 4, 2012, pp.86-91を参照。

(注 2)たとえば、Chow, H. W., Ling, G. J., Yen, I. Y., and Hwang, K. P. Building brand equity through industrial tourism. *Asia Pacific Management Review*, 22（2）, 2017, pp.70-79. を参照。

(注 3)このようにして求められた付加価値を粗付加価値といい、粗付加価値から資本減耗を控除した値を（純）付加価値ということもある。

(注 4)GDPをはじめ国全体の経済活動を測るための体系として国民経済計算がある。詳しくは内閣府『新しい国民経済計算（93SNA）』〈https://www.esri.cao.go.jp/jp/sna/seibi/kouhou/93kiso/kiso_top.html〉（2023年 1 月参照）を参照。県民経済計算は、国民経済計算の枠組みに従って都道府県や政令指定都市単位で地域の経済活動をまとめたものである。

(注 5)一部の市町村では当該市町村内の市内総生産や市民所得などを推計、公表しているほか、内閣府の地域経済分析システム（RESAS）〈https://resas.go.jp/〉（2023年 1 月参照）では独自の推計による市町村別の付加価値が公表されている。

(注 6)正確には、産業（経済活動）別県内総生産の合計に、「輸入品に課される税・関税」を加え、そこから「総資本形成に係る消費税」を控除した値がその地域の県内総生産になる。

(注 7)産業連関分析の詳細は、宮沢健一（編）『産業連関分析入門』日経文庫、2002年、を参照。

(注 8)富山県「富山統計ワールド　産業連関表」〈https://www.pref.toyama.jp/sections/1015/lib/renkan/index.html〉（2023年 1 月参照）。また、同webでは産業連関表を用いた経済波及効果分析ツールも提供されている。

(注 9)県民経済計算による付加価値（県内総生産）と産業連関表から求められる（粗）付加価値総額では細部の定義が異なるため、それらの値が厳密に等しくはならないが、概念的には同じものである。

(注10)投入係数行列はマトリクス形式で以下のように表される。

$$\mathbf{A} = \begin{bmatrix} a_{11} & a_{12} & a_{13} \\ a_{21} & a_{22} & a_{23} \\ a_{31} & a_{32} & a_{33} \end{bmatrix}.$$

ここで第 i 産業の生産額をX_iと書き、j 産業で投入される i 産業の中間投入額をX_{ij}と表せば、$a_{ij}=X_{ij}/X_j$、である。また、各産業の生産額、県内最終需要額、県外への移輸出額、県外からの移輸入額（正値で定義）をそれぞれ

$$\mathbf{X} = \begin{bmatrix} X_1 \\ X_2 \\ X_3 \end{bmatrix}, \mathbf{f}_d = \begin{bmatrix} f_{d1} \\ f_{d2} \\ f_{d3} \end{bmatrix}, \mathbf{e} = \begin{bmatrix} e_1 \\ e_2 \\ e_3 \end{bmatrix}, \mathbf{m} = \begin{bmatrix} m_1 \\ m_2 \\ m_3 \end{bmatrix},$$

と表せば、産業連関表の行方向の関係は以下のように表される。

$$\mathbf{AX} + \mathbf{f}_d + \mathbf{e} - \mathbf{m} = \mathbf{X}.$$

（注11）県外からの移輸入は県内の中間財需要と県内最終需要の合計である県内需要に比例するとして、

$$\mathbf{M} = \begin{bmatrix} M_1 & 0 & 0 \\ 0 & M_2 & 0 \\ 0 & 0 & M_3 \end{bmatrix}, M_i = \frac{m_i}{\mathbf{a}_i \mathbf{X} + f_{di}}, i = 1,2,3.$$

のように、移輸入係数（県内需要 1 単位あたりの移輸入額）を対角要素とする行列（$\mathbf{M}$）を定義する。ここで$\mathbf{a}_i$は投入係数行列の i 行目を取り出したベクトルであり、たとえば、$\mathbf{a}_1 = (a_{11}, a_{12}, a_{13})$ である。すると、$\mathbf{m} = \mathbf{M}(\mathbf{AX}+\mathbf{f}_d)$ となり、注10の最後の式は、$\mathbf{AX}+\mathbf{f}_d+\mathbf{e}-\mathbf{M}(\mathbf{AX}+\mathbf{f}_d)=\mathbf{X}$、と書き換えられる。これを $\mathbf{X}$ について解くと、$\mathbf{I}$ を単位行列として、

$$\mathbf{X} = [\mathbf{I} + (\mathbf{I} - \mathbf{M})\mathbf{A}]^{-1}[(\mathbf{I} - \mathbf{M})\mathbf{f}_d + \mathbf{e}],$$

となり、県内産業への最終需要（$(\mathbf{I} - \mathbf{M})\mathbf{f}_d + \mathbf{e}$）が与えられれば、その需要を満たすような県内生産額が求まる。上式の $[\mathbf{I}+(\mathbf{I}-\mathbf{M})\mathbf{A}]^{-1}$ を「（開放型の）逆行列」という。逆行列の各要素を書き下したものが逆行列係数表である。

（注12）県内最終需要による生産誘発額を$\mathbf{X}_{fd}$、県外への移輸出による生産誘発額を$\mathbf{X}_e$と書くと、それぞれ、$\mathbf{X}_{fd} = [\mathbf{I} + (\mathbf{I} - \mathbf{M})\mathbf{A}]^{-1}(\mathbf{I} - \mathbf{M})\mathbf{f}_d$、$\mathbf{X}_e = [\mathbf{I} + (\mathbf{I} - \mathbf{M})\mathbf{A}]^{-1}\mathbf{e}$、によって求められる。

（注13）本段落と次段落の記述は、富山県『富山県史　通史編VII　現代』1983年、明元正志「富山新港臨海工業用地に立地する製造業による県内経済への影響について」『産業連関』4（3-4），1993年，78-84ページ、鈴木茂「富山テクノポリス（1）：内発型テクノポリスの可能性」『松山大学論集』9（1），1997年、1-23ページ、鈴木茂「富山テクノポリス（2）：内発型テクノポリスの可能性」『松山大学論集』9（3），1997年、33-59ページ、石坂誠一「地域科学技術の振興と富山県」『富山国際大学地域学部紀要』創刊号，2001年，3-22ページ、小柳津英知・白又秀治「北陸三県のマクロ経済指標の特徴および国際化の現状と課題」JETRO　アジア経済研究所『ASEAN　経済の動向と北陸企業の適応戦略』、2014年、第 1 章、に依拠した。

(注14) 以下の民間最終消費支出に関する記述は総務省「平成27年（2015年）産業連関表（107部門表)」に基づく。富山県の特化係数は、同表と富山県「平成27年（2015年）富山県産業連関表」より求めた。

(注15) たとえば、北陸経済連合会『北陸のシェアトップ150』は市場占有率が高く特徴ある製品を手掛ける県内の44の企業（事業所）を紹介している。

(注16) たとえば、Dowell, G., Hart, S., and Yeung, B. Do corporate global environmental standards create or destroy market value? *Management Science*, 46（8), 2000, pp.1059-1074,を参照。

第4章　私たちの地域の産業観光の意義を理解する
～富山県の産業観光の意義と展望～

髙木　繁雄

（1）富山県の観光と産業の歴史

立山信仰が観光の先駆け

「観光」の言葉のルーツは、約2000年前の中国の古典「易経」に記された「観国之光、利用賓于王（くにのひかりをみるは、もっておうにひんたるによろし）」にある。この言葉の意味するところは、「賓客をもてなすには王がその国の光を観せることが最大のもてなしである」となる。当時の「国」は現在の県や市といった地域のことを指し、「光」はその地域の優れた特色を指す。また、「観」の意味は、単に見るのではなく、心を込めて「観る（しめす）」とも解釈される。つまり、私たちが何気なく使っている「観光」の言葉は、地域の優れた特色を、心を込めて「観る」、あるいは「しめす」という行為の意味なのである。日本で観光という言葉が用いられるようになったのは幕末からといわれており二つのエピソードを紹介する。一つは軍艦の名前である。幕末、江戸幕府によってオランダから2隻の軍艦が輸入されたが、その軍艦の1隻の名前が「観光丸」なのである。名前の由来は前述の「観国之光」からとられている。ちなみに、もう1隻の軍艦の名前は、勝海舟で有名となった「咸臨丸」である。二つめは、岩倉具視を全権大使とした「岩倉使節団」の報告書の名前である。その巻頭には、「觀」と「光」の文字が記載されており、地域の優れた特色を観るという言葉が使われていたことがわかる。

　日本人が自ら好んで旅を行うようになった歴史を振りかえると、そのはじまりは、平安時代の貴族による高野山詣や熊野詣などであるといわれている。鎌倉時代以降その立場は、貴族から武家に代わる。一方、民衆が自ら好んで旅を行うようになったのは、江戸時代の元禄・享保の頃からである。その背景には、農業生産力の向上に起因する民衆の生活水準の向上や、五街道整備による交通環境の改善などがある。それらを背景として、江戸時代の民衆は、強い信仰心や封建社会からの一時的な解放を得ること、そして、人生の悦びを得ることを

動機として、全国的に旅を行うようになるのである。

　作家、新田次郎の作品である「劒岳　点の記」は、明治時代末期の富山県を舞台とした作品である。浅野忠信や香川照之などが出演した映画にもなっている。物語は、日本地図の最後の空白地帯を埋めるために立山一帯に「三角点」という測量のための基準をたてることを目指す日本陸軍参謀本部陸地測量部と、日本初の山の会として誕生した日本山岳会とが、劒岳への初登頂を目指すものである。この作品には、劒岳を畏怖する地元住民の姿が描かれており、古くから立山が山岳信仰の対象になっていたことがよくわかる作品である。江戸時代の立山は、富士山、白山とともに三霊場として全国的にも知られており、地獄・極楽の両方の世界を生きながらに体験できる山として、越中国内だけではなく各地から多くの参詣人を集めていた。元々が霊場であったため、江戸時代の前期までは修験者や行者、僧侶といった霊場関係者が訪問する場所であったが、江戸時代の後期になると、武士や文人、学者、庶民といった霊場とは関係のない人々も訪れるようになる。1858年（安政５年）の記録によると、「夏ニ至リ候而者、六七月之内平年ハ自他国ヨリ之参拝人六七千人茂有之」とある（芦峅寺一山会「越中立山芦峅寺古文書」）。まさに、民衆自らが好んで旅をする対象として立山が選ばれたことになる。立山が富山の観光の先駆けであったといえる。

　現在、立山町芦峅寺において布橋勧頂会（ぬのばしかんじょうえ）という行事が行われており、観光イベントとしても注目されている。立山は信仰の対象であったが、江戸時代から女人の入山は許されなかったために、山に登る代わりに立山の麓の芦峅寺の布橋を白装束で渡ることで、極楽往生を願う行為として布橋勧頂会が行われていたのである。明治時代の「廃仏毀釈（はいぶつきしゃく）」の影響を受けて一時廃止されていたが、1996年（平成８年）に約130年ぶりに復活し、現在は３年に１回の頻度で開催されている。実際にこの布橋から立山を望むと、とても美しく立山を見ることができる。正に「観国之光」といえる。また、富山、石川、静岡の三県知事が三霊山（立山、白山、富士山）観光で連携するとのことであり、正鵠を得ていると思われる。

売薬産業の発展

　「富山売薬の祖」とは、富山藩の第二代藩主である前田正甫（まえだまさとし）
（1649～1706年）のことを指す。かの有名な前田利家の曾孫にあたる。正甫は、
新田開発のための用水開削や、藩内の塩の流通が能登の塩に限定されていたと
ころに瀬戸内の塩も流通させるとともに、飛騨へも売り込む基盤をつくったこ
と、さらには、但馬国から「たたら製鉄」の技術者を招いて藩内の製鉄業の振
興を図ったことなど、富山藩の多様な産業振興を手がけた功績が讃えられてい
る。そのような中で最も大きな功績といわれているのが「反魂丹（はんごんた
ん）」を代表とした富山売薬の振興である。

　反魂丹は富山売薬が扱う薬のひとつであり、また最大の目玉商品である。富
山で反魂丹が製造されるようになった由来には二つの説があり、いずれの説に
おいても備前岡山藩の医師である萬代常閑（まんだいじょうかん）が登場する。
彼から製法が伝授され、その効能の大きさを正甫が認め、藩内での製造を推奨
するというものである。また、富山売薬は「越中の薬売り」として全国に知れ
渡るのだが、そのきっかけをつくったのも正甫といわれる。1690年（元禄3年）、
江戸城において腹痛をおこした陸奥三春藩の藩主である秋田輝季（あきたてる
すえ）に対して、正甫が所持していた反魂丹を与えたところ、その腹痛が速や
かに治まったという有名なエピソードである。城内でその様子をみていた諸侯
から、自分たちの藩でも反魂丹を売り広めて欲しいとの要請を受けることにな
る。翌年、富山藩に戻った正甫は、薬種商の松井屋源右衛門に調剤を、また、
八十崎源六に行商を命じて、相談のあった藩への売薬行商を始めるのである。
これが諸国への売薬行商の始まりである。「先用後利（せんようこうり）」とは、
「用を先にして、利を後にせよ」の意味であり、各家庭に必要な薬を置いても
らい使った分の代金を後からもらう商いの仕組みである。信用を基盤として成
立する富山売薬業の理念であり、現在でいうビジネスモデルのひとつともいえ
る。この先用後利の販売形態をとりながら、富山売薬は諸国への販売を拡大し
ていくことになる。

　ついで富山売薬の発展の契機になった出来事は、1816年（文化13年）の「反
魂丹役所（はんごんたんやくしょ）」の設置である。これは富山売薬の更なる
振興のために設置された半官半民による売薬産業の振興機関といえる。江戸城

のエピソード以降、多くの売薬人による諸国への売薬行商が順調に拡大していくのだが、「官」である藩としては、領外における信用の維持とそれに基づく営業の拡大、そして売薬人からの確実な上納金の徴収の必要性が設立の背景にある。一方の「民」である売薬人としては、最初の頃は、民主導で販売エリアの設定や売薬人のグループ化、販売ルールづくりなどを進めてきたのだが、売薬人の数が多くなってきたために民自らの統制が難しくなってきたために、藩による強力な後ろ盾が必要になったことが背景にある。ちなみに、1853年（嘉永6年）の売薬人の数は2256人にもなる。

　明治維新も富山売薬の大きな転換点となる。まず、富山売薬の振興を支えていた反魂丹役所が廃藩置県の影響から1876年（明治9年）に解散する。現在の行政区域を有する富山県の成立は、1883年（明治16年）まで待たなくてはならない。廃藩置県のあった1871年（明治4年）からの10数年間は、現在の石川県と富山県をひとつの県とした石川県による県政が行われた時代や、現在の富山県の一部を担う新川県（にいかわけん）による県政運営が行われた時代があり、このような県政の二転三転も影響したかもしれない。明治維新とは、西洋文明を取り入れることでの、わが国産業の近代化を目指した一大ムーブメントの側面を持つが、その産業の中には、当然ながら売薬産業も含まれる。和漢薬中心の売薬産業に対して、西洋薬が「黒船」のように押し寄せるイメージである。和漢薬に対する厳しい調子の批判や非難が加えられるのである。その代表的なものとして、明治期を代表する学者、福沢諭吉の「売薬論」での売薬への否定的な見解である。このような背景もあり、1870年（明治3年）に売薬取締規則がだされ、売薬の品質検査や営業の許可制度などが導入されることとなる。

　富山売薬の存在の根底を揺さぶるこれらの時代にあっても、進歩的な富山の売薬人は、新しい時代の変化に対して柔軟に対応していく。それは、近代的設備を持った会社の設立である。1876年（明治9年）、複数の売薬人が共同出資する形で「広貫堂」を発足させる。広貫堂とは、「広く救療の志を貫通せよ」という正甫の言葉から採用されたものである。これ以降、製薬企業の設立が活発となり、西洋薬も取り入れた富山の薬産業がさらに発展していくことになる。また、銀行、電力、繊維、運輸、保険、出版、印刷などの会社設立にも売薬人が関わることとなる。

　反魂丹から始まった富山売薬は、時代の荒波に揉まれながらも、時代の要請に応え、売薬産業そのもののイノベーションを進めるとともに、他の産業への投資を行っていくのである。

北前船（回漕業）の隆盛

　「北前船（きたまえぶね）」が活躍した期間は、江戸時代の中頃から明治30年代までとなる。「動く総合商社」ともいわれるその商いの特徴を通じて、各寄港地の地場産業の振興や文化の普及などに大きな影響を与え、当然ながら富山の産業とも深い関わりを持っていく。

　北前船が歴史に登場するのは、江戸時代の最も重要な物資である「米」を大量に江戸に運ぶ必要性が高まったことがきっかけである。江戸幕府は商人である河村瑞賢（かわむらずいけん）に命じて、船による新たな海上輸送の航路を整備させるのである。1672年（寛文12年）に整備された「西回り航路」がそれである。瑞賢が整備したのは、大阪から下関を経由して日本海側に周り、富山を経由して山形県の酒田にいたる航路である。一方、瑞賢による航路整備以前から大阪と北海道を結ぶルートは存在していた。それは、北海道から敦賀までは船、その後は陸路で琵琶湖を経由して大阪に運ぶというものである。瑞賢が整備した大阪と酒田を結ぶ航路と、以前からあった敦賀と北海道を結ぶ航路が合体して、大阪と北海道を結ぶ遠距離航路が完成し、積み替えをすることなく物資の大量輸送が可能となるのである。そして、この航路を行き来する日本海沿岸の港に船籍を持つ船が北前船と呼ばれるのである。

　高校の歴史の授業で北前船とともに「菱垣廻船（ひがきかいせん）」や「樽廻船（たるかいせん）」を学ばれた方も多いと思うが、これらと北前船とでは回漕業としてのビジネスモデルが大きく異なる。菱垣廻船や樽廻船は大阪から江戸に大量の生活物資を運ぶことを目的とした廻船業である。背景には、当時、100万人もの人口を有する江戸は、消費するだけの都市であったために、大阪から大量の生活物資輸送が求められたためである。また、大阪と江戸の間は寄港地も少なく寄港地で何かを売りさばくこともできないことや、江戸から大阪に運ぶ物資がなかったことも関係してくる。そのために、大阪から江戸までの片道運賃で稼ぐビジネスモデルとなる。一方の北前船は、大阪と北海道間の多

くの寄港地に立ち寄りながら、高く売れるものがあれば売り、安く仕入れるものは仕入ながら商売を行うビジネスモデルとなる。多くの寄港地に立ち寄るからこそ入手できる物産別の価格情報がビジネスを成功させる上での重要な鍵となる。このような形態は「買積船（かいづみせん）」と呼ばれるもので、現在の総合商社の機能を移動しながら行うイメージとなる。

　大阪と北海道の航路において富山はほぼ中間地点にあたる。富山の港に船籍を持つ北前船の商いの流れをみると、まず、富山の米やワラ製品などを仕入れて北海道で売り、北海道では昆布やニシン肥料、木材などを仕入れて、富山に戻ってきて、それらを売る流れがある。つぎに、富山で再び米を仕入れて、北海道で仕入れた物産と合わせて大阪で売り，大阪では雑貨類を仕入れて、途中の寄港地で売りながら富山に戻るという流れである。富山の主な寄港地は富山市の東岩瀬と高岡市の伏木である。いずれも神通川河口、小矢部川・庄川河口に位置しており、川の流域から物資が集散する港である。これらの港には廻船問屋とともに、船宿や倉庫業、遊郭などが集積し、港町として発展していくことになる。岩瀬には、廻船問屋として大きく繁栄した「岩瀬の五大家」と呼ばれる「馬場家」、「米田家」、「森家」、「畠山家」、「宮城家」があり、その一部の建物は現在も観光向けとして見学することができる。また、伏木の最盛期には30軒ほどの廻船問屋が集積するのである。北前船は、高岡の代表産業である鋳物類も扱っている。具体的には、塩釜やニシン釜、香炉、花瓶、仏具などであり、北海道から大阪まで富山の鋳物が出回るのである。さらに，北海道から運ばれてきた昆布が富山や北陸の昆布文化を醸成したといえる。県内で昆布が取れないにもかかわらず、昆布の消費量の日本一を続けるほど、県民に浸透しているのである。

　明治20年代になると、鉄道や蒸気船の登場、電報などの電信技術のために北前船が握っていた価格情報の強みが薄れたこと、さらには、ニシンの不漁やニシン肥料の需要低下などのために、北前船はその役目を終えることとなる。一方では、廻船問屋はその財力を活かして、さまざまな産業への転身をはかることになる。北前船というビジネスモデルは消滅するのだが、北前船に関わった人材は、次代の富山産業の苗床となって、現在の富山県の産業にも繋がるのである。

明治期の殖産興業

　2021年（令和3年）のNHK大河ドラマの「青天を衝け」は、明治時代に一民間経済人として銀行創設や株式会社の法人形態による企業の創設・育成を進め、わが国経済の近代化に貢献した渋沢栄一の物語である。一方、富山県においては、その渋沢栄一の役割を富山売薬人や北前船主が担うことになる。江戸時代からの商いを通じて蓄積した資本や経験を活かし、明治時代の富山県の産業近代化を牽引していくのである。まずは売薬人の足跡をみていきたい。

　売薬人が最初に行ったのは銀行業の創設である。富山初の銀行は1878年（明治11年）に設立された「富山第百二十三国立銀行」である。この銀行の頭取は士族出身者であるが、5人の役員のうち2人は売薬人が占めている。副頭取の「密田林蔵」と取締役の「中田清兵衛」であり、彼らが実質的な資本提供者である。この銀行の初期の預金や貸出金の多くは売薬人であり、富山県の製薬のほぼ3分の1を取り扱う広貫堂の一切の金銭業務も担当することになる。その後の1884年（明治17年）に金沢市にあった「金沢第十二国立銀行」と合併して「富山第十二国立銀行」と名称を変更するが、本店は富山において営業を続けることになる。この際にも経営の実権は密田林蔵と中田清兵衛の2人が握り続けることになる。その後、北陸地方や北海道に勢力を伸ばして大きく発展するこの銀行が現在の北陸銀行の前身となる。

　売薬人が設立に関与した他の銀行の一つに「第四十七銀行」がある。この銀行は、元々は千葉県に国立銀行として設立されたものであったが、1891年（明治24年）に多くの売薬人が中心となって富山市に移転させたものとなる。この銀行の役員には、北前船主の「森正太郎」や「金岡又左衛門」などの有力な売薬人が名を連ねている。他には、1893年（明治26年）の「富山貯蓄銀行」、1896年（明治29年）の「北陸商業銀行」の開業には、密田林蔵と中田清兵衛の2人の売薬人が関わることになる。また、「滑川銀行」、「水橋銀行」、「四方銀行」は多くの売薬人が中心となって設立された銀行となる。ちなみに、これらの銀行はすべて北陸銀行に統合している。

　近代化産業の象徴である電力事業にも売薬人は積極的に関与する。わが国の初めての電気事業は1886年（明治19年）の東京電灯であるのに対して、富山県で初めて電気による明かりがともったのは、その8年後の1894年（明治27年）、

富山市で開催された勧業博覧会においてである。売薬人の密田林蔵の分家にあたる密田孝吉が出品した発電機を使った電灯の明かりが、富山県初の明かりとなる。それをみた売薬人の金岡又左衛門が、京都の琵琶湖疎水で行っていた水力による電気事業の事業化を着想し、密田とともに水力発電の研究を進めることになる。電気事業への理解が乏しい当時は、「エレキが用水に入ると毒が発生する」といった、今では考えられないような反対が、水力発電に必要となる用水使用権を持つ地主からうけることになる。また、資本金調達にも苦労する。しかし、多くの売薬人の協力を得ることで、その実現にいたるのである。東京電灯の12年後、勧業博覧会の３年後の1897年（明治30年）、富山県初の電力会社「富山電燈」が設立する。設立発起人は11名からなり、そのうち８名が売薬人で構成されている。発電所は富山市中大久保の塩地区にあり、アメリカのゼネラル・エレクトリック社製の発電機を設置した最大出力が150キロワットの発電所となる。現在も稼働している「大久保発電所」のことである。富山電燈の設立を契機として「高岡電燈」や「大岩電気」といった売薬人が関与した電灯会社が相次いで設立される。富山電燈は、その後発展をとげて現在の北陸電力の中心母体となる。

　銀行と電力以外に売薬人が関わった産業としては、繊維工業、パルプ製造業、印刷業、新聞業、出版業、鉄道業、保険業などがあり、富山県のさまざまな会社設立に対して大きな役割を果たすのである。なお、密田林蔵の「密田家」、中田清兵衛の「中田家」、金岡又左衛門の「金岡家」は薬業出身の三名家と呼ばれている。

　つぎに、北前船主による産業の近代化への貢献の動きをみる。最初の産業は売薬人と同じく銀行業である。売薬人が中心的に設立・経営に関わった「富山十二銀行」と「第四十七銀行」にも北前船主は名を連ねるが、売薬人が関与しない多くの銀行の設立や経営にも北前船主は関わっていく。時系列でみていくと、1889年（明治22年）の「高岡銀行」、1895年（明治28年）の「新湊銀行」、1896年（明治29年）の「高岡共立銀行」、1896年（明治29年）の「伏木銀行」、1898年（明治31年）の「富山県農工銀行」、1900年（明治33年）の「岩瀬銀行」などである。

　銀行業以外の産業については、東岩瀬と伏木の北前船主では異なる動きをみ

せている。東岩瀬の北前船主は、北洋漁業への積極的な進出（漁業）や、地元汽船会社の経営（水運業）、大規模な土地の地主経営（農業）などを行っていく。一方、伏木の北前船主は、もともと取り扱っていた大阪の紡績糸の県内製造（繊維工業）や売薬人と同じく電力事業への参入（電気業）などを行っていく。また、東岩瀬と伏木の北前船主が共同して、当時需要が高まっていた人造肥料（化学工業）の設立にも関与する。1908年（明治41年）に設立した「北陸人造肥料」がそれである。この会社は、当時の富山県の最大規模の製造業であり、その後の富山県の化学工業発展の先駆けとなるのである。

電源開発による工業化

　売薬人や北前船主が立ち上げた電力事業は、それそのものが新たな産業となるのだが、電力事業から生み出される豊富な電気は、電気を必要とする新たな産業集積につながっていく。

　富山県の電力とアルミ産業を語る上で、高岡市出身の「高峰譲吉（たかみねじょうきち）」は欠かすことのできない人物である。高峰は、日本初の人造肥料会社の設立や、化学者として消化酵素のタカジアスターゼの発明やアドレナリンの発見などで有名であるが、故郷の豊富な電力を活かして一大アルミ産業を興そうと奔走するのである。アルミ産業関係の主な出来事を振りかえると、1886年（明治19年）に世界で最初の電気分解によるアルミニウム精錬方法が発明され、1894年（明治27年）に大阪砲兵工廠で日本初のアルミニウム加工が実用化され、1902年（明治35年）に大阪市の髙木アルミニウム製造工業ではじめて民生品が製作されている。しかしながら、アルミニウムの原料であるボーキサイトが国内で産出されないことや、精錬に大量の電力を必要とすることなどが国内アルミ産業振興の足かせとなっていた。

　そのような中で高峰は壮大な計画を打ち立てるのである。それは、当時世界最大のアルミニウム精錬・加工会社である「アルミナム・カンパニー・アメリカ」（現在のアルコア社）と提携して日米合同会社を設立し、南米のギアナからボーキサイトを輸入して、富山県で水力発電による10万キロワットの電力を準備して県内に一大アルミ産業の集積を図るというものである。当初のアルコア社は、日米合同会社の設立に前向きであったが、第一次世界大戦後の不況の

ために会社設立の動きが停滞する。一方、日本側としては水力発電の水利権を取得するために、1919年（大正8年）に「東洋アルミナム」を設立する。発電の場所については、当初は神通川上流を想定していたが、水利権の先願者がいたために計画地を黒部川上流に変更し、1920年（大正9年）に水利権の許可を得ることになる。そして、黒部鉄道の建設や黒薙温泉や宇奈月温泉の開発を進めていく。しかし、1922年（大正11年）に高峰が逝去したことで東洋アルミナムによる事業はストップしてしまう。事業は日本電力（現在の関西電力）に引き継がれ、事業目的をアルミ精錬から電源開発に変更し、黒部川流域での電源開発に結びつくのである。高峰が夢見た富山のアルミ産業集積が実現するのはもう少し後のことになる。

　富山県の電源開発による工業化を語る上で、もう一人欠かせない人物がいる。日本海電気の「山田昌作（やまだしょうさく）」である。同社は富山県初の電力会社である富山電燈が名前を変えたもので、後の北陸電力となる。山田は、1951年（昭和26年）に設立される北陸電力の初代社長でもある。当時の北陸の電力事情をみると、1921年（大正10年）頃から大都市電力企業が北陸で大規模な電源開発を行うようになり、その電力を長距離高圧送電で関東、中部、関西の大都市に送電されるようになっていた。また、富山県はそれらの大都市電力企業に水利権・供給権を与えるとともに、県自らによる県営電気事業の電気の一部も大都市電力企業に売電されるのである。地元資本による発電電力量は県全体の発電量の半分にも及ばない状況だったのである。現在、地域で必要とする電力を外から買うのではなく、地域内で創出することで、電力の地産地消を図ろうとする動きがみられるが、当時はまったく逆の状態だったのである。

　この状況に対して、山田は長期的な視点から北陸の地域開発を展開することになる。それは、近畿圏の4分の1以下の低廉な電力を提供して電力多消費型産業を誘致して地元に電力市場を創出することや、誘致にあたっては進出企業と地元資本との共同出資による新会社を設立すること、進出企業に対しては日本海電気が長期にわたって徹底的な支援をすることなどである。つまり、電力会社が電力を使ってくれる企業を低廉な電力料金で誘致し、誘致後は伴走型で企業を育てるという発想である。また豊富・低廉な電力の実現のために、発電力増強にも着手し、既存発電所の発電出力の増強工事や、新たな水力発電所の

表 4-1　戦前の富山県での誘致企業

年次	誘致企業名	現在の企業名
1917（大正 6）	北海電化工業（株） 富山電気製鉄所（株）	日本重化学工業（株） JFE マテリアル（株）
1918（大正 7）	北海ソーダ（株）	東亞合成（株）伏木工場
1919（大正 8）	北海工業（株）	2008 年操業停止
1928（昭和 3）	日本人造肥料（株） 不二越鋼材工業（株）	日産化学工業（株）富山工場 不二越（株）
1929（昭和 4）	保土谷化学富山工場	日本重化学工業（株）
1930（昭和 5）	呉羽紡績（株）呉羽工場	閉鎖
1931（昭和 6）	呉羽紡績（株）井波工場	東洋紡績（株）井波工場
1932（昭和 7）	日本電気冶金（株）大門工場	日本電気冶金（株）北陸工場
1933（昭和 8）	天満織物（株）笹津工場 日満アルミニウム（株）	敷島紡績（株）笹津工場 昭和タイタニウム（株）
1934（昭和 9）	日本曹達（株）高岡工場 日本カーボン（株）富山工場 日満亜麻紡績（株） 呉羽紡績（株）庄川工場 呉羽紡績（株）大門工場	日本曹達（株）高岡工場 日本カーボン（株）富山工場 1949 年会社更生法 東洋紡績（株）庄川工場 三菱ふそうバス製造（株）
1938（昭和 13）	日本曹達（株）富山工場 不二越鋼材工業東富山製鋼所	大平洋金属（株）富山工場 （株）不二越東富山製鋼所
1940（昭和 15）	日本高周波重工業（株） 呉羽紡績（株）入善工場	日本高周波鋼業（株）富山工場 東洋紡績（株）入善工場
1941（昭和 16）	日本曹達（株）岩瀬製鋼所	太平洋ランダム（株）
1942（昭和 17）	泊紡績（株） 日本ベルツウエスラー絹糸（株） 日曹人絹パルプ（株）	1998 年綿紡績の操業終了 2007 年カネボウ解散 興人 1975 年会社更生法

資料）北陸電力株式会社「北陸電力 70 年史」2021 年 11 月
注）5 ページの「表 2　戦前の主要工場開設年譜」を参考として、誘致企業を整理した。

建設も進めるのである。

　その結果、1917 年（大正 6 年）の伏木への「富山電気製鉄所（現在の JFE マテリアル）」進出をはじめとして、多くの企業誘致が実現していく（**表4-1**）。同社はわが国で初めての銑鉄製造を目指して、資本金の半分を日本鋼管、残りの半分を公募による地元資本が共同出資して設立された会社となる。ちなみに、その進出時の電気料金は 1 キロワットあたり 6 厘 5 毛、同時期の京浜工業地帯は 2 銭 5 厘であり、4 分の 1 程度の差がみられる。

　アルミニウム関連の動きとしては、1933 年（昭和 8 年）の「日満アルミニウム」の設立や、1935 年（昭和10年）の「高岡アルミニウム製品工業組合」の設

立、1937年（昭和12年）の日本曹達のアルミニウム精錬の開始などがあり、高峰の夢がようやく動き出すのである。

　1921年（大正10年）、富山県の工業生産額は、農業生産額をしのぐまでになり、農業県から工業県への産業構造の転換を果たすことになる。

（2）富山県の産業観光の意義と展望

日本が目指す「観光立国」と産業観光の関係

　2003年（平成15年）は、近年のわが国の観光政策の歴史において新たな1ページが開かれた年である。時の内閣総理大臣である小泉純一郎が、当時約500万人であった訪日外国人旅行者数を、7年後の2010年（平成22年）には、1000万人にまで倍増させる計画を表明した年なのである。この時に使われた言葉が「観光立国」である。「立国」とは、ある方針のもとで国を発展・繁栄させる時に用いられる用語であり、たとえば工業化を通じて国を発展させる場合は「工業立国」、技術力を活かす場合は「技術立国」と表現される。すなわち、観光立国とは観光産業の振興を通じて、日本経済を発展させようとするメッセージなのである。

　当時の日本経済をとりまく環境をみると、まず東西冷戦の終結よるグローバル化の進展によって全世界の外国旅行者数の増加が見込まれており、世界観光機関（WTO）においては、21世紀は観光産業が世界最大の産業になると予測していたことがある。一方、国内に目を移すと、バブル経済の崩壊後の経済低迷が長く続いており、製造業に続く新たな日本の成長産業を創造することが期待されていたことがある。さらに、人口減少が進展する地方においては、工場誘致や公共事業に依存する従来型、外発型の地域振興策だけでは地域活性化を図ることが難しくなってきており、交流人口の拡大や地域のさまざまな産業への波及効果の大きな観光による内発型の地域振興が期待されていたことがある。

　以上の背景のもとで、国は観光立国の実現に向けて、2003年（平成15年）から訪日外国人旅行者の増加を目的とした訪日プロモーション事業である「ビジット・ジャパン事業」をスタートさせる。そして、2006年（平成18年）には、旧「観光基本法」を全面的に改正した「観光立国推進基本法」を成立させ、翌2007年（平成19年）には「観光立国推進基本計画」を閣議決定する。そして、

2008年（平成20年）には「観光庁」が設置される。観光立国の実現に向けた法と計画、推進主体が整うのである。

　これらの結果として、2010年（平成22年）の訪日外国人旅行者数は、861万人と1000万人には届かなかったものの、観光立国を表明したときの約500万人からは、大きく増加することになる。そして、2012年（平成24年）から始まる第二次安倍晋三政権において、さらなるステップアップがなされるのである。同政権による金融緩和を中心とした「アベノミクス政策」による円安への誘導は訪日外国人旅行者を拡大させる要因の一つとなる。2013年（平成25年）には1036万人と1千万人の大台にのり、その2年後の2015年（平成27年）には、1974万人と2千万人近くまで増加する。そして、その3年後の2018年（平成30年）には、3119万人と3千万人の大台を超えるのである。

　2016年（平成28年）には、安倍首相を議長とする「明日の日本を支える観光ビジョン構想会議」が発足して、新たな観光ビジョン「明日の日本を支える観光ビジョン―世界が訪れたくなる日本へ―」を策定する。ここでは、観光が地方創生の切り札であることを位置づけるとともに、国をあげて観光をわが国の基幹産業へと成長させようとする国の覚悟が示されるのである。具体的な数値目標として、2020年の訪日外国人旅行者数の目標を4000万人、訪日外国人旅行消費額の目標を8兆円と設定するのである。訪日外国人旅行消費額とは、海外から訪れた外国人旅行者が日本国内で行う消費行動のことである。外国人が日本のサービスを購入することであり、外国人が日本の製品を購入する輸出と同じ意味合いをもつ。2016年（平成28年）当時の日本の対世界輸出品の最大の品目は自動車の11.3兆円、2番目の品目は半導体等電子部品の3.6兆円の時のことである。すなわち、自動車に継ぐ外貨を獲得できる成長産業として、日本の観光産業を成長させようとするのである。

　つぎに、観光立国と産業観光の関係をみてみよう。その関係は、観光立国を実現するコンテンツの一つとして産業観光が期待されているのである。2003年（平成15年）に策定された「観光立国懇談会報告書」にはつぎの記述がある。

　　"日本の産業技術のきめの細かさ、確かさは世界が認めるところである。これを実地に見学できる産業観光は、「ためになる楽しさ」を求めるこれ

からの旅にとって、一つの大きな柱となるはずである。日本の工場は道場だといわれるように、そこにはピンと張り詰めた緊張感があり、人はそこで、日本独特の優れた物づくりの心を知ることができる。産業観光が、日本製品なり日本企業なりに対する信頼感を生む効果は、極めて大きい。"

　　（観光立国懇談会「観光立国懇談会報告書—住んでよし、訪れてよしの国づくり」2003年4月）

　モノづくりのためだけのものと考えられてきた産業技術が、観光コンテンツのひとつとなり得る可能性を持っていること、そして、外国人による日本のファンづくりにも繋がる可能性があることが言及されている。この懇談会の報告書以降でも、観光立国の実現のための産業観光に関する言及が続く。2004年（平成16年）に策定された「観光立国推進戦略会議報告書」においては、観光立国の実現に向けた新たな観光魅力を発掘する視点として、「近代の町並み、産業遺産等を観光資源として積極的に活用」していくことが提言される。2007年（平成19年）の「観光立国推進基本計画」にも産業観光を推進することが示されるとともに、同年からは経済産業省による「近代化産業遺産群」の指定や、2008年（平成20年）の国土交通省による「産業観光ガイドライン」策定、2014年（平成26年）の経済産業省による「地域活性化のための産業遺産・工場見学等の活用ガイドブック」策定といった省庁による取組が続くことになる。

富山県が産業観光に取り組む意義

　2015年（平成27年）3月、富山県民の悲願であった北陸新幹線が開業し、富山県の観光に大きな影響を及ぼす。

　富山県独自集計による延べ観光入込客をみると、開業前の2014年（平成26年）の観光客が2903.6万人であるのに対して、開業後で最も観光客の多い2017年（平成29年）の観光客は3641.1万人となる。開業前から比べると観光客は1.25倍増加しており、北陸新幹線が首都圏市場を大きく引き寄せたといえる。

　つぎに、隣接県と富山県の観光客の関係について都道府県間での比較が可能な観光庁の「共通基準による観光入込客統計」を用いて比較する。北陸新幹線開業前ではあるが、お隣の石川県との比較が可能な2013年（平成25年）の数値

をみると、富山県が2157.3万人であるのに対して石川県は3424.4万人、新潟県は5508.8万人、長野県は6672.4万人となる。富山県を1とした場合、石川県は1.59、新潟県は2.55、長野県は3.09の水準となる。つぎに開業後の2017年（平成29年）でみると、富山県の2766.5万人に対して、新潟県は2.02（5575.9万人）、長野県は2.46（6804万人）となる。北陸新幹線の開業によって隣接県との格差は解消しているものの、依然として倍以上の格差が残る状況である。

　県内の観光コンテンツの特徴はどのようであろうか。Tripadvisorの「人気のある富山県の観光スポット」によるトップ10にランクインした観光スポットをみると、1位から「立山黒部アルペンルート」、「黒部ダム」、「富岩運河環水公園」、「相倉合掌造り集落」、「瑞龍寺」、「五箇山」、「雨晴海岸」、「菅沼合掌造り集落」、「雪の大谷」、「みくりが池」となっている。見てわかるとおり、これらの多くは自然が中心の観光コンテンツといえる。

　観光振興を総合的かつ戦略的に推進するために、富山県は観光分野の基本計画を策定している。北陸新幹線開業直後の2016年（平成28年）3月に策定された「新・富山県観光振興戦略プラン」（以下「新プラン」という）では、富山県の観光の弱みとして「滞在時間が短く、消費金額が少ない」と指摘されている。北陸新幹線開業によって多くの観光誘客を実現しているものの、自然が中心の観光コンテンツとなっていることや、隣接県に比べた観光吸引力が弱いことから、県内の観光スポットを訪れた観光客が県内に留まることなく、隣接県に流出している可能性が考えられる。また、新プランでは富山県の強みとして「日本海側屈指のものづくり県」や「伝統産業、伝統文化、祭り等」も指摘されている。これらはまさに産業観光のコンテンツである。富山県が誇る観光コンテンツが自然中心であることはまぎれもない事実であり、その魅力を引き続き高めていくことは必要であるが、四季や天候に左右されるというハンディからは逃れることはできない。通年型観光を実現する観光コンテンツのひとつとして産業観光が求められているのである。このことが、富山県が産業観光に取り組む意義なのである。

　産業観光の推進のための取組をみていこう。富山県としては、富山県観光公式サイト「とやま観光ナビ」において「産業観光　工場見学にいこう」という産業観光の特集サイトを開設して広報に取り組んでいる。また、県内で産業観

モノづくり県富山を紹介

富山 産業観光図鑑

日本海側随一のモノづくり県

■発行元 富山県広域産業観光推進委員会
　　　　富山県商工会議所連合会
■お問合せ 富山商工会議所　高岡商工会議所　氷見商工会議所　射水商工会議所
　　　　　魚津商工会議所　砺波商工会議所　滑川商工会議所　黒部商工会議所
■協　力 （公社）とやま観光推進機構　とやま産業観光支援協議会

・ 発行元は、富山県広域産業観光推進委員会と富山県商工会議所連合会である。

・ 元々県内の県内8商工会議所（富山・高岡・氷見・射水・魚津・砺波・滑川・黒部）が個別に取り組んでいた産業観光の案内冊子を富山商工会議所が中心となって統一したものである。

・ 県内の工場などの産業観光施設および観光コースを紹介するガイドブック「富山産業観光図鑑」である。

・ 2015年から毎年発行している。最新版は2023年である。

・ ARアプリ「COCOAR（ココアル）」とMaaSアプリ「my route（マイルート）」と連動している。ガイドブック内の写真にスマートフォンをかざして施設情報を入手したり、ガイドブック掲載施設への最適な移動ルートを検索できる。

図4-1　富山産業観光図鑑

注）富山商工会議所の資料より作成。

光に取り組む企業を対象として、産業観光案内コース整備や説明用DVDやパンフレットの作成などにかかる費用を補助する「産業観光魅力創出事業補助金制度」も行われている。経済界の取組としては産業観光の案内冊子「産業観光図鑑」の発行があげられる（**図4-1**）。富山県広域産業観光推進委員会と富山県商工会議所連合会が発行元となり、2015年（平成27年）にはじめて発行されたもので、その後、毎年内容の充実を図りながら発行が続いている。元々県内の各商工会議所が個別に取り組んでいた産業観光の案内冊子を富山商工会議所が中心となって統一したものである。この産業観光図鑑は観光案内冊子になるのだが、その内容が充実していることもあって、教材としても活用されている。富山大学の教養教育科目「産業観光学」をはじめとして、県立高校や市内中学校において、地元の産業歴史や企業を知るための教材となっている。また、早稲田大学高等学院（東京）の生徒126名が、産業観光図鑑を使って掲載企業の中から自ら選択し、訪問・実体験する産業観光学習を2年間にわたって富山で実施している。

富山県の産業観光の展望

　2020年（令和 2 年）の春から急速に感染拡大が進んだ新型コロナウイルス感染症のために、私たちは、今までは当然と考えていた「移動する」、「人と出会う」、「人と話す」、「外食する」などの日常的な行為が根本から否定される、新たな生活を強いられることになった。そして、その影響は今後も何らかの形で残ると考えられている。観光立国を目指す日本や産業観光を活かした観光振興を進める富山県においても影響は小さくない。本章の最終節においては、新型コロナを経験した後の産業観光の方向性についてみていきたい。

　まず、富山県独自集計による延べ観光入込客から新型コロナの影響をみると、感染拡大前の2019年（令和元年）の観光客である3500.1万人を 1 とした場合、2020年（令和 2 年）の観光客は0.63（2212万人）、2021年（令和 3 年）の観光客は0.67（2346.8万人）の水準となる。前節で紹介したTripadvisorによる人気観光スポット第 1 位の立山黒部アルペンルートの観光客数をみると、2019年（令和元年）の88.3万人を 1 とした場合、2020年（令和 2 年）は0.26（23万人）、2021年（令和 3 年）は0.35（30.4万人）と、県全体よりも減少幅が相当大きくなっている。海外や県外からの来訪の多い著名な観光地への影響が大きいのであろう。

　富山大学の産業観光学の授業にも登壇している「YKK」や「能作」、「源」といった富山県の産業観光を代表する企業をはじめとして、県内の産業観光の施設においては、新型コロナの期間は工場見学の受入をストップせざるを得なかった。一方、県外においては、デジタル技術を活用した新しい産業観光に挑戦する動きがみられる。バーチャルリアリティ（VR）の技術を活用して、自宅に居ながらにして工場見学ができるものである。たとえば、アサヒビールによる「スーパードライVR工場見学」をみると、ビールの製造工程を実感してもらうために、CGを活用してビールタンク内の発酵の様子がみえたり、製造ライン上に小型カメラをおいて製品の流れがみえたりする。リアルな工場見学では体感できないことがVRだと可能となるのである。また、カゴメ（株）による「KAGOMEバーチャル工場見学」をみると、カゴメ契約農家でのトマトやニンジンの収穫からはじまり、工場内での加工から出荷までの全ての流れをみることができる。さらに、全ての画面がスマートフォンやパソコンを用いて

360度見渡すことができるので、その場にいるのと同じ感覚になるのである。

　この2社の事例で紹介したVRの活用が、ウィズ・コロナ時代の富山県の産業観光の魅力を高める一つの方向性だと考えている。ちなみに、2社の流れを先取りすべく、富山商工会議所作成の産業観光図鑑はAR機能を搭載しており、掲載各社の写真から同社のホームページや動画へとつながり、それをみてどの企業を訪問すべきかを事前に選択できる。富山県の産業観光は、通年型観光を実現する観光コンテンツの一つとして期待されており、リアルな工場見学を事前選択できるARとあわせて、これを補完するツールとしてVRの導入も今後考えられる。

　旅行を検討している者に対して、インターネットを通じて「訪問してみたい」と思えるVRをみせることが考えられる。また、工場見学を行った者に対して、再度視聴してもらうことで、リアルな工場見学ではわからなかったことが、より詳しく理解できるVRをみせることである。再訪につながる可能性も期待できる。一方、VRの技術は産業観光だけものではなく、四季や天候に左右されるという自然中心の観光コンテンツを持つ富山県のハンディを和らげるツールにも使える可能性がある。雨天や曇天であっても、富山市内や雨晴海岸などから劔岳などが美しくみえるアプリやゴーグルなどを用意するのである。晴天での劔岳には敵わないにしても、観光客の記憶に残るエピソードとなる可能性は期待できる。

　最後に、産業観光を活かした富山県の観光振興の視点を紹介したい。まずは、加賀百万石の伝統を感じる曳山祭の文化が富山県内に多く残っているというエピソードである。高岡市の「高岡御車山祭」や南砺市の「城端曳山祭」、小矢部市の「石動曳山祭」、氷見市の「祇園祭」、砺波市の「となみ子供かぶき」、射水市の「新湊曳山まつり」などである。一説によると一揆を恐れた加賀藩が大勢での集会を禁止したものの中心部から離れた越中や能登などではそれほど強制力がなかったために、多くの祭り文化が根付いたといわれる。つぎは、飛騨との繋がりである。江戸時代、山国の飛騨国（岐阜県）や信濃国（長野県）では、越中国（富山）で獲れるブリや他の海産物が貴重な海産資源として、飛騨街道を通じて運ばれていたというエピソードである。この街道にゆかりのある5人のノーベル賞受賞者を重ねて「飛越交流ぶり・ノーベル出世街道」とし

てPRしていく動きがある。かつての物流をベースとしてまったく別のコンテンツを組み合わせることで、地域の魅力を改めて高めるアプローチといえる。

　富山県の産業は、江戸時代に売薬と北前船からはじまり、銀行や電力、製造業などのさまざまな産業へシフトしてきた歴史をみてきた。人がその地で暮らしていくためには「何をして食べていくのか」という「生業（なりわい）」が必要であり、まさに生業の歴史ともいえる。そして、この歴史の延長線上に現在の富山県の生業が存在する。生業の歴史と現在の繋がりを知れば、一層、富山への愛着がわいてくる。ご自身の出身地の生業の歴史について今一度、省みてはどうか。

〔参考文献〕
・ 須田寛「実務から見た新・観光資源論」交通新聞社、2003年5月、10〜11ページ参照
・ 須田寛「観光の新分野　産業観光」交通新聞社、1994年5月
・ 新城常三「庶民と旅の歴史」NHKブックス、1971年6月、47〜57ページ参照
・ 富山近代史研究会「富山近代史の視座　歴史と観光」（株）山川出版社、2014年7月、48〜49ページ参照
・ 新田次郎「新装版　劒岳―点の記」文春文庫、2006年1月
・ 富山県「富山県薬業史　通史」丸善（株）、1987年3月、61〜64ページ、134〜135ページ、306〜307ページ、426〜430ページ、468〜469ページ、476ページ、483〜493ページ参照
・ 配置薬の歴史を検証し未来を考える会「配置薬ニッポン総ケア宣言」（株）出版文化社、2019年10月、24〜25ページ、542〜551ページ参照
・ 富山市「富山の置き薬（上）」かまくら春秋社、2019年3月、148〜151ページ参照
・ 高岡市HP「日本遺産に認定された高岡の北前船のストーリー」2022年6月〈https://www.city.takaoka.toyama.jp/bunsou/kitamae.html〉
・ 加藤貞仁、北前船日本遺産推進協議会「動く総合商社　北前船」（株）東映エージェンシー、2018年4月、10〜11ページ、20〜21ページ、28〜29ページ、70〜71ページ参照
・ 富山県広域産業観光推進委員会、富山県商工会議所連合会「富山産業観光図鑑2022」2022年1月、3〜4ページ参照　文／川田文人（元北陸経済研究所理事長）参照
・ 藤井昭二、米原寛、布村昇「富山湾読本　富山湾を知る42のクエスチョン」（株）北日本新聞社、2012年1月、192〜195ページ、216〜222ページ参照

- 須山盛彰「特集　富山売薬が育てた富山のものづくり―近代産業の基盤から先端産業まで―」商工とやま、2008年6月
- 中西聡「海の富豪の資本主義」財団法人名古屋大学出版会、2009年11月、273〜299ページ参照
- 中西聡「北前船の近代史―海の豪商たちが遺したもの―」成山堂書店、2013年4月、57〜68ページ参照
- 北陸銀行「創業百年史」1978年3月
- 特定非営利活動法人高峰譲吉博士研究会ホームページ〈https://npo-takamine.org/who_is_takaminejokichi/related_area_people/kurobe_unaduki_toyama/〉
- 北陸電力株式会社「北陸電力70年史」2021年11月、2〜5ページ参照
- 青野壽朗・尾留川正平「日本地誌第10巻　富山県・石川県・福井県」日本地誌研究所、1970年2月、二宮書店、46〜47ページ参照
- 高岡アルミニウム懇話会50周年記念事業実行委員会記念誌部会「一般社団法人高岡アルミニウム懇話会創立50周年記念誌1964-2014」2014年
- 観光立国懇談会「観光立国懇談会報告書―住んでよし、訪れてよしの国づくり」2003年4月、2ページ、15ページ参照
- 新井直樹「日本の国際観光政策の変遷と動向―コロナ収束後の持続可能なインバウンド観光振興に向けて―」奈良県立大学研究季報　32（1）、2021年6月、18ページ、21ページ参照
- 日本政府観光局ホームページ「ビジット・ジャパン事業」〈https://www.jnto.go.jp/jpn/projects/promotion/vj/index.html〉
- 観光庁ホームページ「訪日外国人旅行者数・出国日本人数」〈https://www.mlit.go.jp/kankocho/siryou/toukei/in_out.html〉
- 明日の日本を支える観光ビジョン構想会議「明日の日本を支える観光ビジョン―世界が訪れたくなる日本へ―」2016年3月、2〜3ページ参照
- 財務省貿易統計ホームページ「対世界主要輸出品の推移（年ベース）」〈https://www.customs.go.jp/toukei/suii/html/data/y6_1.pdf〉
- 観光立国推進戦略会議「観光立国推進戦略会議報告書〜国際競争力のある観光立国の推進」2004年11月、8ページ参照
- 経済産業省ホームページ「近代化産業遺産」〈https://www.meti.go.jp/policy/mono_info_service/mono/creative/kindaikasangyoisan/index.html〉
- 経済産業省「地域活性化のための産業遺産・工場見学等の活用ガイドブック」2014年3月〈https://www.meti.go.jp/policy/mono_info_service/mono/creative/kindaikasangyoisan/pdf/sangyoisan.kengaku.pdf〉
- 国土交通省「産業観光ガイドライン」2008年4月〈https://www.mlit.go.jp/common/ 000013176.pdf〉
- 富山県・（公社）とやま観光推進機構「令和3年富山県観光客入込数等」2022年9月

・観光庁「観光入込客統計」2013年、2017年、都道府県別観光地点別観光入込客数（延べ）の数値を表記した。
・Tripadvisorホームページ「人気のある富山県の観光スポット」〈https://www.tripadvisor.jp/Attractions-g298125-Activities-Toyama_Prefecture_Hokuriku_Chubu.html〉
・富山県「新・富山県観光振興戦略プラン」2016年3月
・富山県ホームページ「富山県観光公式サイト　とやま観光ナビ　産業観光工場見学に行こう」〈https://www.info-toyama.com/stories/industry〉
・富山県ホームページ「産業観光魅力創出事業補助金制度」〈https://www.pref.toyama.jp/140111/miryokukankou/kankoutokusan/kankou/kj00020390.html〉
・富山県・（公社）とやま観光推進機構「令和3年富山県観光客入込数等」2022年9月
・アサヒビール（株）ホームページ「スーパードライVR工場見学」〈https://www.asahibeer.co.jp/park/vr-factorytour/〉
・カゴメ株ホームページ「KAGOMEバーチャル工場見学」〈https://www.kagome.co.jp/syokuiku/knowledge/vr-factory/〉
・金沢・富山県西部広域観光推進協議会ホームページ「加賀藩ゆかりの地を訪ねる旅」〈http://kagahan.jp/matsuri〉
・富山市ホームページ「『ぶり・出世街道』のご紹介」〈https://www.toyamashi-kankoukyoukai.jp/?tid=100716〉

【事例②】 産業観光に取り組む民間企業の事例
「源ますのすしミュージアム」

佐々木　浩晃　塩見　一三男

（1）会社概要・産業観光の概要

〈会社概要〉

会社名　　株式会社　源

創業　　　1908年（明治41年）11月16日

　　　　　本社所在地　富山県富山市南央町37－6

従業員数　約210人（令和元年）

主な商品　ますのすし、ぶりのすし、お弁当、うま煮など

〈産業観光施設〉源ますのすしミュージアム

注）株式会社 源より提供

（2）講義内容

源の「みなもと」は観光業

　源の創業は1908年（明治41年）とされるが、そのルーツは江戸時代までさかのぼることができる。最初のエピソードは、現在の富山市旅篭町において、「吉川屋」の屋号を用いて旅館と紙屋を営んでいたというものである。茶人の顔も持っていた文化人、源梅山（みなもとばいざん）が当主である。時代はくだり、明治時代になるとその記録はより鮮明になる。その時の源の前身は、富山最大の歓楽街である桜木町で「天人楼」、「日新楼」という料亭旅館を経営している。

〈主なアクティビティ〉

ますのすし伝承館 110余年伝え継ぐ、職人による「ますのすし」作りの技をガラス越しに見学		工場見学 最新の「ますのすし」製造工程の一端をガラス越しに見学	
「ますのすし」手作り体験 職人が作り方を伝授する、おいしい「ますのすし」の手作り体験		旅と食の文化史コレクション 江戸時代から昭和にいたる、珍しい弁当容器や旅の携行品の展示コーナー	
天人楼 「ますのすし」をはじめ、富山・北陸の歴史ある地元銘菓や地酒、地野菜などを提供		お食事・会席 500席強のゆったりした空間で富山の山海の幸を提供	

注）写真は株式会社 源より提供

　この時の当主が、源梅山の息子の初代源金一郎（みなもときんいちろう）となる。現存するその料亭旅館の絵図には、贅を尽くした店構えが描かれている。この絵図をみる限り、相当なお金持ちでないと利用できなかったのではないだろうか。残念ながらこれらの料亭は1899年（明治32年）の大火の被害をうけてしまうが、その翌年の1900年（明治33年）には、同じく桜木町において高級料亭旅館・富山ホテルとして再スタートするのである。こちらのホテルは、当時は最高のホテルと賞されたそうである。

　そして迎えた1908年（明治41年）。この年が源にとってのメモリアルイヤーとなる。大きなきっかけは富山駅開業である。すでに1899年（明治32年）に、田刈屋仮停車場という神通川を渡った先に富山駅は開業していたのだが、この年に現在の富山駅の場所に移転するのである。駅の利便性向上を考えたい日本国有鉄道としては、当時、富山でもその名が知られていた富山ホテルに対して、

〈産業観光の取組の変遷〉

年次	主な出来事
江戸時代	旅館と紙屋を経営（富山市旅篭町）
明治初期	料理旅館「天人楼」「日新楼」を経営（富山市桜木町）
1899（明治32）	「天人楼」「日新楼」の大火被害
1900（明治33）	高級料亭旅館・富山ホテルを開業（富山市桜木町）
1908（明治41）	現在の場所に富山駅開業 富山ホテル支店設置。駅弁の販売開始（富山駅） **源の創業**
1912（明治45）	**「ますのすし」の販売開始**
1936（昭和11）	新調理場完成。「日満産業大博覧会」富山開催 戦前の源の最盛期
1945（昭和20）	富山大空襲で富山ホテル本店・支店が全焼 鉄工所の炊事場を借りて弁当を調理
1948（昭和23）	富山ホテル支店、料理旅館業再開
1949（昭和24）	「ますのすし」の製造販売を再開
1964（昭和39）	本社・調理工場の新設（富山市下新本町）
1975（昭和50）	富山駅での販売のピーク
1978（昭和53）	中小企業庁中小企業合理化モデル工場に認定
1987（昭和62）	**本社・レストハウス・売店・見学コース・工場**（後の「源ますのすしミュージアム」）**完成**（富山市南央町）
1996（平成8年）	**「ますのすし伝承館」増築オープン**
2009（平成21）	**「源ますのすしミュージアム」オープン**（見学コース・レストハウス・売店を改築）
2012（平成24）	**「ますのすし」100周年**
2013（平成25）	ミュージアムマスコット「ますまる」誕生

注）株式会社 源の資料に基づき筆者が作成

富山駅構内での駅弁販売を打診することになる。飲食と宿泊をビジネスの柱としていた源にとって、「駅弁業」は新たなビジネス機会の到来といえる。富山駅前に富山ホテル支店を開業して駅弁業への参入を進めるとともに、この年をもって創業年としている。この出来事の4年後にあたる1912年（明治45年・大正元年）、富山駅弁のひとつとして、ようやく私たちが知っている「ますのすし」が世に登場する。当時の富山の名物といえば「あゆずし」とされていた中で、"鱒寿司の美味しさを富山の代表食に育てたい"との源の想いのこもった果敢な挑戦といえる。

　このように江戸時代から明治時代にかけての源は、富裕層をターゲットとした飲食・宿泊業を展開するとともに、鉄道開業から派生する鉄道利用者向けの弁当業にも展開するなど、富山県の観光産業の一翼を担っていたといえる。

産業観光にいたる源の歩み

　源が産業観光に取り組むようになるのは、もう少し後の時代になる。しかし、それまでの間も、源のビジネスは世の中の動きをうまく捉えながら、さまざまな変化をとげ、そして、産業観光に結びつくのである。ここではその変遷をたどることとしたい。

　大正から昭和にかけての源のビジネスは、富山ホテル・本店による飲食・宿泊業と、富山ホテル・支店による弁当業の二本柱で展開していた。しかし、両者の稼ぐ力は拮抗するのではなく、時代によって交互に入れ替わるのである。まず大正から昭和10年頃までは本店が中心となっていた。当時の富山ホテル・本店は富山県でも人気を博する高級旅館として順調に商売を進めていたのである。一方の支店はというと、鉄道本数の少なさが足かせとなって赤字が続く状態であった。しかし、この状況は太平洋戦争の勃発によって一変する。本店の利用者は激減する一方、支店は軍需用弁当や軍需工場むけの折り詰めなどの供給で忙しくなる。そして、1945年（昭和20年）の富山大空襲は本店・支店のいずれも全焼という大打撃をうけるが、小回りのきく弁当業は、他に炊事場を借りながら操業を続けるのである。これらの時代は、源にとっては苦難の時代であったといえるが、この二本の柱があったからこそ、乗り切れたともいえる。

　富山大空襲で焼失した富山ホテルの再建は断念し、戦後は弁当業中心のビジネスを展開していく。1949年（昭和24年）、食糧統制が解除されたことで、ますのすしの製造販売が再開される。そして、戦後復興によって人々の生活水準が徐々に高まっていく中で、東京や大阪の百貨店ではじまった「有名駅弁大会」が、源の「ますのすし」の知名度を高める好機となるのである。源はこの流れを逃すことなく、敏感に察知し、それを経営に取り入れていく。「富山駅で人を待つのではなく、全国に富山の美味しい魅力を届けよう」との発想転換である。そして、全国へのテナント出店を進めることになる。日本橋三越店、名古屋ターミナル店、東京駅八重洲口大丸店などの百貨店やスーパーマーケットなどの販路を拡大していく。

　急激な販路拡大は供給量にも影響してくる。すでに1964年（昭和39年）に、富山市下新本町に本社・調理工場を新設して供給体制を構築していたのだが、全国へのテナント出店による需要拡大への対応は難しい状況であった。そこで、

製造工程の機械化や需要予測に基づいた計画的な生産体制への転換を図るのである。1978年（昭和53年）、この一連の取組が中小企業庁の「中小企業合理化モデル工場」に認定されることとなり、工場見学の引き合いが増えていくのである。

全国に先駆けた「源ますのすしミュージアム」

　源の工場見学は、1964年（昭和39年）の富山市下新本町に新設された工場の時から行われていたそうである。しかし、現在のような産業観光を強く意識したものではなかった。その後、中小企業庁のモデル工場認定によって工場見学者が増加したことや、同工場一帯が都市計画決定によって新たな開発が制限されたことから、新工場の必要性が高まっていった。さらに、自動車移動での観光の増加も新工場を考えるきっかけの一つになった。観光業としてスタートした源であるが、戦後は宿泊業からは撤退して弁当などを扱う製造業として展開してきたといえるが、組織内には観光業のDNAが残っていたということではないか。

　新工場は、「工場見学」、「大人数の食事」、「直接販売」、「学び」の４つの機能を有する観光施設の役割をあわせもった工場として検討がなされた。そして、1987年（昭和62年）、富山市南央町にその施設が完成することになる。現在の「源ますのすしミュージアム」である。そのコンセプトは以下の三点からなる。

　　　〈「源ますのすしミュージアム」のコンセプト〉
　　　①富山の新しい観光拠点となる施設
　　　②ますのすし製造のトップ企業として、ますのすし文化＆駅弁文化を発
　　　　信する施設
　　　③建築時も、さらに100年後も新鮮と感じる建築デザイン

　工場見学者が喜ぶ「魅せる工程」を考えた工場内レイアウトや、ますのすし手作り体験コーナーが設けられるとともに、北陸観光の中継地としての昼食や土産購入に立ち寄る施設としての機能が盛りこまれることとなった。そして、忘れてはならないのが、ますのすしの最大製造目標をクリアするだけの製造機

能強化も含まれていることである。次代を先取りして、"魅せる"能力を充分に意識した"つくる"拠点といえる。

　本書の第1章の執筆を担当した須田によれば、わが国の産業観光元年は2007年（平成19年）の愛知県の万国博覧会であったという。これは、この年からさまざまな企業による産業観光が始まったという意味ではなく、愛知万博をきっかけとして、それ以前より個々に取り組まれていた工場見学などの取り組みを、産業観光という新たな定義でくくり直し、インバウンドに対応するニューツーリズムとして展開していこうというものである。須田が提唱した産業観光からさかのぼること20年前から、源は産業観光に取り組んでいたことになる。その先見の明には驚くばかりである。

地域に貢献する企業

　源は「源ますのすしミュージアム」を拠点として産業観光に取り組む一方、地域や社会のための取り組みも行っている。最後にそれらを紹介する。

　最初は地産地消の切り口である。ます寿司を購入された方ならわかると思うが、その容器には、寿司を強く押すために竹が使われているが、源は今から50年以上前から富山県産の孟宗竹を使用している。富山県の孟宗竹は増加や放置が地域の問題となっていたからである。ます寿司が販売されるたびに、富山県産の孟宗竹の問題が少しずつ解決していく仕組みとなる。50年前にSDGsという言葉はなかったが、その時から源はSDGsの考え方を先取りしていたのである。

　つぎは、ミュージアムの学びの機能を活かした地元ファミリー向けイベントである。ミュージアムを夏休みの自由研究を考える機会として解放するものである。「ますのすし手作り体験」、「ますのすし食べ比べ」、「SDGs学習」、「宿題お助け隊（大学生と一緒に宿題を考え場）」などである。「源ますのすしミュージアム」は広域観光を意識した拠点となっているが、この取り組みによって、地元の市民に対して開かれた場所として受け入れられることは期待される。

　最後はフードバンクの取り組みである。ますのすしは、購入後すぐに食べるのではなく、旅行の手土産として購入され、旅行後に手渡されるシーンが多いと考えられることが背景にある。手土産にもらった方も安心して、ますのすしを食べられるよう、賞味期限の24時間前に販売期限を設けているのである。大

変厳しい食品管理といえる。この管理によって誰もが安心して、ますのすしを食べることができると考えられるが、一方ではフードロスの問題も生じることとなる。そこで、こども食堂にますのすしを提供することで、フードロスの問題解消を図っている。さまざまな人々にますのすしを届ける仕組みといえる。

　文化勲章受章者でもある中川一政画伯による、源の「ますのすし」のパッケージデザインは、富山県に訪れた人であれば一度は目にしたことのある商品ではないだろうか。百貨店やスーパーの催事販売でも常連の商品といえる。このように富山県外での知名度が高い企業ではあるが、地元の富山県民にも愛される商品、そして企業となるように、地域にことを考えた取組を展開しているのである。

第5章　私たちの地域の産業観光の魅力を理解する
〜オープンファクトリーの意義と可能性〜

安嶋　是晴

（1）オープンファクトリーのはじまり

　産業観光が注目をされる中で、近年、オープンファクトリーと呼ばれるイベントが全国で開催されるようになった。オープンファクトリーとは、直訳すれば「工場の開放」で、一定期間、普段公開されていない工場などを見学可能な状態にするものであり、燎原の火のごとく全国各地で広がっている。

　これまでも、工場見学は各地で行われていた。食品工場や飲料工場などはその一例であろう。これらは企業側の負担が大きいものの、商品のPRやCSR（企業の社会的責任）の一環として実施されており、メリットも生んでいる。来訪者も同様で、新しい商品の情報を知ることができ、さらにお土産まで受け取ることできる。企業・来訪者双方に効果をもたらしている。

　これに対し、近年行われているオープンファクトリーは、中小企業による集積地で、部品製造業者や加工業者なども含んで開催されている。たしかに産業の現場や生産の工程を公開し、企業の技術や製品のPRを行いつつ、来訪者は、普段見ることができない加工現場や製品の説明を職人から受けるオープンファクトリーの仕組みは、一見合理的に思われる。

　しかし、中小企業の事業者にとって、人的負担や経済的負担も大きく、自社の利益に直接つながることは少ない。それでも産地が一体となって盛り上げようとしている。なぜこのような事業に取り組むことになったのだろうか。こうした取り組みが実施されはじめたのは、2011年（平成23年）以降である。逆の見方をすれば、これまでは負担などの課題があったが、それを乗り越えるきっかけがあったのではないか。各地でオープンファクトリーが行われるようになって十数年が経過し、公的機関や研究者による調査研究も蓄積されてきた。そこで、オープンファクトリーの定義や目的、見る側（来訪者）、見せる側（事業者）、そして地域のメリット、全国の事例、さらに富山県高岡市の事例を紹介しながら、オープンファクトリーの実態を明らかにし、これからの展望を論

じていく。

（2）オープンファクトリーとは何か

　まずは、オープンファクトリーがどのようなものなのか論じる。またオープンファクトリーという言葉の意義を検討するとともに、オープンとはどのような意味を包含するのか述べる。さらに、実施される背景や実施の形態について説明を行う。

オープンファクトリーの定義

　オープンファクトリーを考える上で、その定義から検討を加える。オープンファクトリーという言葉は和製英語であり、明確な定義があるわけではない。先行研究でも、捉え方はさまざまである。しかし研究が蓄積されるにつれ、一定の方向性が定まりつつある。先行研究を参考に、定義を明らかにする。

　栗井（2022）の研究では、Google scalarで「オープンファクトリー」と検索し、明確な定義づけをおこなっている7編の論文を調査した。そこで、3編が単工場公開型、4編が産地振興型の論文と分類している。そして単工場公開型は、「自社のPRなどを目的に、企業が単独で工場を一般に公開する取り組み」とし、産地振興型とは、「一定地域内の複数の工場を、一定期間一般に一斉公開するとともに、来場者の見学・体験・ツアーなどを地域の運営組織が企画・運営することにより、産地全体をアピールする取り組み」と定義している（**表5-1**）。

　また、産地振興型と類似する定義で、「地域一体型オープンファクトリー」

表5-1　オープンファクトリーにおける単工場公開型と産地振興型の比較

	単工場公開型	産地振興型
場所（範囲）	工場所在地（通常1か所）	一定の地理的範囲に及ぶ
態様	1社のみで公開	複数企業が工場を一斉公開
期間	通年（休業日あり）	期間限定（年間2〜4日程度）
対象	広く一般の来場者	広く一般の来場者
運営主体	単独企業	地域内の実行委員会組織など
取り組み内容	見学、体験など	見学、体験、ツアー、スタンプラリーなど
目的	自社（1社）のPRなど	産地全体を地域内外にアピールなど

資料）栗井（2022）より

と呼ぶものもある。これは経済産業省近畿経済産業局（2023）が示したもので、「ものづくりに関わる中小企業や工芸品産地など、一定の産業集積がみられる地域を中心に、企業単独ではなく、地域内の企業などが面として集まり、生産現場を外部に公開したり、来場者にものづくりを体験してもらう取組」としている。そして、①業種や従来の商習慣の枠組みを超えた、「多様なプレイヤー」が「主体的」に取り組むもの、②取り組みにおいて、共通として共有される目的や理念（コアバリュー）が存在すること、③リアルの現場（工場／工房や付加価値を生み出す現場）を実際に五感で体感する、の３点を要件としている。

　地域一体型オープンファクトリーが産地振興型と異なるのは、商売の枠組みを超えた多様なプレイヤーとの目的や理念の共有に言及している点である。既存研究では、オープンファクトリーを、産業衰退の課題解決手段と考えるケースが多いが、近年の取り組み事例を概観すると、事業者による産地振興に限定するものではなくなっている。現在のオープンファクトリーの定義は、この地域一体型オープンファクトリーの定義が昨今の実態に合った概念といえる。

オープンファクトリーの背景

　なぜオープンファクトリーを開催するのか。イベントのステークホルダー（利害関係者）の、①事業者、②来場者、③地域社会、④行政の４つの視点から考察を加える。

　まずは①事業者である。モノづくり産業は衰退が著しい。グローバル化が進む中、競争も激化し、製品の低価格化で賃金も低下している。新しい事業を行うために定期的に設備投資を行う必要があるが、生産額も減少し再投資が困難である。その結果、従業員の確保ができず、後継者が不足し、負のスパイラルに陥っている。また工場の騒音や振動などが、近隣地域住民との軋轢を生んでいるケースがある。積極的に工場を開くことで、来場者や地域住民に作業内容を見てもらい、認知度の向上や事業所の魅力を伝えることで、良好なコミュニティづくりにつながる。

　つぎに②来場者である。近年、価値観が多様化する中で、余暇の過ごし方も多様になっている。中でも観光の形態は大きく変化し、物見遊山的な観光から、観光消費者のニーズの充足を図るニューツーリズムに注目が集まっている。

ニューツーリズムとは、「テーマ性が強く、体験型・交流型の要素を取り入れた新しい形態の旅行（観光庁の定義）」であり、オープンファクトリーは、その一種である。オープンファクトリーの来場者の増加は、交流人口や関係人口の増加につながり、ひいては定住人口につながる可能性を持つ。

さらに③地域社会である。現在の日本は人口減少社会となり、少子高齢化が進行している。国全体の人口は、2008年（平成20年）の1億2808万人（総務省統計局の人口推計による）をピークに、2011年（平成23年）以降、減少傾向が続き、とくに地方都市では、少子高齢化、若者の流出が進展している。過疎が進む地域では、居住者の半数以上が65歳以上となる限界集落が増加し、コミュニティの希薄化が進んでいる。それらの地域では定住人口、交流人口、さらに関係人口の増加を標榜し、地域の特性を生かしたまちづくりを進めながら、認知度の向上をはかっている。オープンファクトリーは、その一助になりうる。

最後に④行政である。これは①から③のすべてに関わる。地域の衰退が進む中、行政ではさまざまな施策を実施している。施策は、産業政策、地域政策、観光政策、文化政策など多岐にわたる。産業政策は①の事業者支援、観光政策は②来場者（観光客）支援、地域政策は③地域社会、そしてすべてのステークホルダーに関わるのは文化政策である（**表5-2**）。

表5-2　オープンファクトリーの背景

ステークホルダー	背景	④行政の施策
①産地事業者	産業の衰退 （生産額減少）	産業政策・文化政策
②来場者 （観光客）	価値観の多様化	観光政策・文化政策
③地域社会	地域の衰退 （人口減少）	地域政策・文化政策

注）著者作成

オープンとは

オープンという言葉の意味からも考えてみたい。狭義では、工場の公開という意味でしか使われていないが、実際は多様な意味が含まれている。岡村他（2017）によると、開くことには、①閉じた場所をひらく、②使い方をひらく、

写真5-1　工場を会場にしたオープン
　　　　　ファクトリーの交流会

写真5-2　国登録有形文化財の輪島塗の
　　　　　工房（大崎漆器店）

注）著者撮影　　　　　　　　　　　　　　注）著者撮影

③暮らしをひらく、④まちの興し方をひらく、⑤まちへの意識をひらく、5つ
の意味が含まれているとする。

　まず、①の閉じた場所をひらくとは、工場の見学のための公開である。これ
は狭義のオープンの意に該当する。②の使い方をひらくとは、通常実施されて
いる用途以外の活用である。高岡市のオープンファクトリーでは、工場見学者
との懇親会を工場で実施している（**写真5-1**）。同じく富山県の鋳物メーカー
の㈱能作は、社屋で結婚式を実施している。③の暮らしをひらくとは、私有化
された「住まい」も含めた公開である。職住一体の輪島塗の工房を公開してい
る大崎漆器店では、国登録有形文化財の建物の中に、住前職後（住居部分が道
路に面し工房部分は奥）の配置となっており、工房見学には必ず生活空間を通
過する（**写真5-2**）。趣ある建物や古い調度品は、工房見学と同等以上の対象
となりうる。④のまちの興し方をひらくとは、まちの成り立ちに関わる部分を
公開することである。岡村らは、建築物の施工現場の公開を例として挙げてい
るが、オープンファクトリーでいえば、陶磁器産地での陶石採掘所などの見学
などの組み入れなどである。⑤のまちへの意識をひらくとは、これまで負の印
象だった部分も取り込むことや、外部者の目線で新しい発見につなげることな
どを挙げている。騒音の発生や危険な作業の実施が、実は徹底した対策が施さ
れている実態を知ることで、安全や安心の意識を高めることがある。オープン
ファクトリーを進めることで、より理解の深化が期待される部分である。

オープンファクトリーの実施形態

　オープンファクトリーの実施形態は、①フリー見学型と②ツアー訪問型の2種類が存在する。

　まず①フリー見学型は、一定期間、一定地域で工場を開放し、来場者が自由に出入りして見学できるオープンファクトリーである。地域に点在する工場やショップなどを、徒歩や自転車で回遊する地域もあれば、公共交通やシャトルバス、自家用車で移動する地域もある。そのため主催者側は、アクセスマップを用意し、工場やショップの位置がわかるようにするとともに、開放されている時間や具体的な作業内容、ワークショップの内容などを伝えている。有料の公式ガイドブックなどを発行して、収益事業としている地域もある。

　②ツアー訪問型は、主催者がテーマに沿ってコースを決定し、見学希望者を事前に募り、主催者のガイドが案内するオープンファクトリーである。街歩き的な要素もあり、徒歩での工場間の移動では、地域の歴史や建築物、自然などを交えて説明がなされることもある。バスで移動する場合もあり、バスガイドのように地域の紹介が行われている。各見学先でワークショップを行うこともあり、産地分業があるところでは、見学先で体験を重ねて、最終的に1つの製品を完成させるツアーも行われている。広く一般から参加者を募集する場合もあれば、プロフェッショナル限定、学生限定、女性限定など、対象者を絞り、確実なビジネスマッチングを狙う場合もある。

（3）全国のオープンファクトリーの事例

　ここでは全国のオープンファクトリーの事例を取り上げる。オープンファクトリーに関する調査では、取り組みが始まって間もない2015年（平成27年）に、経済産業省関東経済産業局「オープンファクトリーガイドブック」（株式会社ソーシャルデザイン研究所委託）が発刊され、7つの事例が取り上げられている。そして2023年（令和5年）に、経済産業省近畿経済産業局「OPEN FACTORY REPORT 1.0」（株式会社ダン計画研究所委託）が39の事例を取り上げて紹介している。こうした状況からも、オープンファクトリーが全国に拡大してきたことがわかる。そこで、これらの資料のほか、先行研究や各産地のホームページから、各地のオープンファクトリーの立ち上げの背景や経緯、取

り組み内容についてまとめていく。

事例の抽出

　取り上げたのは、いずれもフリー見学型で実施しているところで、2011年（平成23年）から2015年（平成27年）までに事業を開始し、2023年（令和5年）3月現在、8回以上の実績がある（1）台東モノマチ（東京都台東区）、（2）おおたオープンファクトリー（東京都大田区）、（3）スミファ（東京都墨田区）、（4）燕三条 工場の祭典（新潟県三条市・燕市）、（5）関の工場参観日（岐阜県関市）、（6）RENEW（福井県鯖江市・越前市・越前町）の6か所を抽出した（**表5-3**）。

表5-3　全国のオープンファクトリーの事例

開催地	開始年	開始時企業数	開始時来場者数	参加企業数（2022年）	来場者数（2022年）	事務局
東京都台東区	2011	16	1万人超	99	約6万人	台東モノづくりのマチづくり協会
東京都大田区	2012	10	1,000人超	69	約3,100人	実行委員会（一般社団大田観光協会内）
東京都墨田区	2012	40	約2,000人	36	約6,000人	実行委員会（行政内）
新潟県三条市・燕市	2013	54	1万人超	82	3万3,514人	実行委員会（行政内）
岐阜県関市	2014	17	1,800人	40	4,200人	実行委員会（行政内）
福井県鯖江市越前市越前町	2015	21	1,200人	101	延べ3万7,000人	一般社団法人SOE

資料）経済産業省関東経済産業局（2015）および経済産業省近畿経済産業局（2023）に基づき著者作成

全国の事例

〈台東モノマチ（東京都台東区）〉

　2011年（平成23年）5月から開催されている。東京都台東区の南部地域一帯は、ファッションや生活雑貨に関連した企業やショップ、それらの製造や卸業者の集積地である。

　イベントの対象は一般で、第1回の参加企業は16社、来場者は1万人超であ

り、2022年（令和4年）の第13回は、参加企業99社（対6.1倍）、来場者数は約6万人（対6.0倍）となっている。

　きっかけは、2004年（平成16年）に開設した創業支援施設台東デザイナーズビレッジの施設公開である。通常非公開の施設を、年一回、入居者の若手クリエイターが地元の人々との直接交流の場として公開してきた。そして2011年（平成23年）に、デザイナーズビレッジ村長の鈴木淳氏の発意で、地元企業やデザイナーズビレッジの卒業生によって、施設の公開と製品販売（マーケット）の2本柱での、第1回の台頭モノマチが開催された。

　イベント実施によって、これまで直接販売を行っていないメーカーや問屋が、イベントをきっかけにショップなどを開業した。またモノづくりの町に魅力を感じ、工房を構えるデザイナーやクリエイターが増加した。さらに、企業同士やクリエイター同士による新たな商品やブランドが生まれている。回を重ねるうちに協力者も増え、地域内での交流も生まれ、協働での商品開発やイベント企画などが行われるようになった。その後、順調に参加企業、来場者も増えたことで、第5回からは運営主体の「台東モノづくりのマチづくり協会」を設立し、組織化を図っている。

　今後の展望として、情報発信の強化を目指しており、参加店それぞれが、より深い情報を通年での発信すること、そして運営の効率化や次世代を見据えた新しいオープンファクトリーの形を模索している。

〈おおたオープンファクトリー（東京都大田区）〉

　2012年（平成24年）2月から開催されている。東京都大田区は、一般機械の部品などを生産し、切削、研磨、成型などの加工工場が多く集積する。特殊な技術を持った職人もおり、そこでしかできないオンリーワンの工場もある。

　イベントの対象は一般で、第1回の参加企業は10社、来場者は1000人超であり、2022年（令和4年）の第12回は、参加企業69社（対6.9倍）、来場者は約3100人（対3.1倍）となっている。

　きっかけは、2009年（平成21年）に設立された大田クリエイティブタウン研究会（旧・モノづくり観光研究会）である。研究会は、大田観光協会、首都大学東京・横浜国立大学・東京大学の観光や都市計画などの研究室で構成される。

大学は、町工場の調査研究をベースにまちの将来像を構想し、オープンファクトリーはその構想の一部分であった。2011年（平成23年）に具体的な方法の検討が始まり、イベントに関心を示した地元の工業組合（工和会協同組合）との協働で、おおたオープンファクトリーが実施された。

イベントの実施によって、第4回では4つの工場を巡り一つの製品を完成させる「仲間回しラリー」なども企画され、イベントの質を高めるとともに、エリアも拡大していった。これにより若い職人がつながるコミュニティも誕生した。またアートやまちづくりなどの創造的人材が集積する「おおたクリエイティブ拠点」が増加する中で積極的に連携を図っている。

今後の展望として、工場見学の通年化、収益化、集客の広域化を目指し、小中高生向けの教育旅行・教育プログラムの企画にも取り組んでいる。

〈スミファ（東京都墨田区）〉

2012年（平成24年）11月から開催されている。東京都墨田区は、金属加工、皮革、繊維、プラスチックなど、多岐にわたるものづくり産業が存在し、小規模で家内工業的な工場が集積している。イベントの対象は、一般およびプロフェッショナル向けで、第1回の参加企業は40社、来場者は約2000人であり、2022年（令和4年）の第11回は、参加企業36社（対0.9倍）、来場者数は約6000人（対3.0倍）となっている。

きっかけは、墨田区役所からモノづくり企業の「配財プロジェクト（現一般社団法人配財プロジェクト）」メンバーへの働きかけである。墨田区では以前から区主導のモノづくりへの振興事業を行い、商品開発やブランド認証制度などに取り組んでいた。そして2012年（平成24年）に東京スカイツリー開業を控え、先行する台東モノマチ、おおたオープンファクトリーのようなイベントで、墨田区を盛り上げたいと考えたのである。この「配財プロジェクト」は、工場から出る「廃材」に新しい価値をつけて「配財」にするプロジェクトであったが、オープンファクトリーに期待を寄せる墨田区との思いと合致したことから、イベントの運営を引き受け、2012年（平成24年）、第1回スミファが開催された。

イベントの実施によって、個性豊かな案内人によるディープな墨田のモノづくり現場を見学する企画も生まれた。第1回、第2回の参加者や来場者が増加

した際、規模の拡大の弊害も指摘され、第3回以降、参加企業を絞り込む選択をした。また若者・学生向け、デザイナー向け、女性向けなどターゲット層を明確にしたツアーを企画した。これらの取り組みによって、参加企業も受け身ではなく、主体的に考えるように変化した。他のオープンファクトリーと比べて小規模ではあるが、参加者同士の密なコミュニケーションを生む場となっている。

　今後の展望として、より深い「技」の世界コンテンツ化、地域内の組織間連携、インバウンド向けのコンテンツの充実、地域の歴史と現代の融合など、進化を模索している。

〈燕三条 工場の祭典（新潟県三条市・燕市）〉

　2013年（平成25年）10月から開催されている。三条市、燕市は、金属製品製造業が多く、燕市はステンレス加工産業、三条市はプレスや金型製作などを鉄の加工業が中心である。イベントの対象は一般で、第1回の参加企業は54社、来場者は1万人超であり、2022年（令和4年）の第11回は、参加企業82社（対1.5倍）、来場者数は3万3514人（対3.3倍）となっている。

写真 5-3　燕三条 工場の祭典の光景
注）著者撮影

　きっかけは、2007年（平成19年）から行われていた越後三条鍛冶まつりの見直しである。イベントは集客力が不足し、事業の再検討が必要であった。同時期に、三条市主催の人材育成塾を受講していた曽根忠幸氏（タダフサ代表）が、消費者と直接対話する必要性を感じる中で、塾のプロデューサーの山田遊氏（method代表）と意気投合し、工場見学のプロデュースの企画提案が進み、三条市・燕市合同のオープンファクトリーの企画が実現した。現在は、モノづくりを行う「工場」、農業を営む「耕場」、それらの物品を購入できる「購場」という3つのKOUBAが開放されている。

　イベントの実施によって、見られる側の意識が変化してきた。清掃や改装などを行う工場も出てきた。意識の変化は、新たな発案、提案につながっていった。現在は通年で見学可能な企業も増えている。また地元の組織が主体となり、継続的に運営できる体制を目指している。現在は、地元企業の実行委員会、クリエイターチーム、行政関連の事務局チームが三位一体となって運営を担っている。

　今後の展望として、イベントからの脱却し、ツアー形式にも対応した、いつ来ても生産の現場がみられる体制への移行を目指している。

〈関の工場参観日（岐阜県関市）〉

　2014年（平成26年）11月から開催されている。関市は世界三大刃物産地として知られ、日本一の刃物産地として発展してきた。しかし従事者の高齢化、職人の後継者不足などが深刻な地域課題となっている。

　きっかけは、関市がこれまで実施していた「ビジネスプラス展 in SEKI」に続くものを構想したことである。産地の衰退に危機感を抱い

写真 5-4　関の工場参観日の光景
注）著者撮影

た事業所の有志や行政職員が実行委員会を作り、高い技術力や高品質の製品づくりを体感できる機会を創出し、事業者や職人との交流を通じて、地元企業の魅力を再確認し、まちに誇りや愛着を育むことを目的としてイベントが開始された。主な内容は、工場見学とワークショップであり、大型機械の操作や刀鍛冶など迫力ある技をみること、また多様なものづくりを体験することができることが特徴である。その他、トークイベント、バスツアー、スタンプラリーなども行われ、飲食を楽しめるマルシェや、製品を購入できるショップなども展開している。

　イベントの実施によって、参加企業による新たなPR活動が生まれている。その一つが「工場夜話」であり、実際に働く職人をゲストにするトークイベン

トで、オンラインで配信もされている。また夏季期間にプレイベントとしてワークショップを開催するなど、PRに尽力している。

　今後の展望として、さらに認知度を向上させ、集客につなげるとともに、市民に対しても理解を深めながらシビックプライドの向上に努めていく。

〈RENEW（福井県鯖江市・越前市・越前町）〉

　2015年（平成27年）10月から開催されている。鯖江市は漆器産地や眼鏡産地、越前市は和紙産地であり、地場産業の集積地である。

　イベントの対象は一般で、第1回の参加企業は21社、来場者は1200人であり、2022年（令和4年）の第8回は、参加企業101社（対4.8倍）、来場者数は延べ3万7000人（対30.8倍）となっている。

写真5-5　RENEWの光景（体験）
注）著者撮影

　きっかけは、2014年（平成26年）の会合で、新山直弘氏（合同会社ツギ代表・当時鯖江市役所職員）と谷口康彦氏（有限会社谷口眼鏡代表取締役）が出会ったことである。オープンファクトリーの実施を希望する新山氏の思いに共感した谷口氏は、事業者に参加を促し実施にこぎつけた。その後、第3回の2017年（平成29年）には、中川政七商店とのコラボによって、来場者が20倍以上の4万2000人となり、より持続可能な地域づくりを意識するようになった。

　イベントの実施によって、越前鯖江エリアに新規出店が増加した。また既存企業の郷土愛が高まるなど意識改革も進んだ。新たな雇用が生まれたことも大きな成果である。イベントの運営に協力してくれるボランティアの輪も、着実に広がっている。

　今後の展望として、このエリアを日本一の産業観光地域にすることを目標に、通年型の観光推進、宿泊施設運営、各種スクールなども企画している。

（4）高岡クラフツーリズモについて

　これまで、全国のオープンファクトリーの事例を取り上げて紹介した。実は
これらのオープンファクトリーに、大きな影響を与えている産地がある。それ
は、2012年（平成24年）から開始されている高岡クラフツーリズモである。毎
年企画されるツアー訪問型の参加費用は１万円以上と決して安くはないが、募
集直後に定員が埋まり、抽選になることもある。この高岡クラフツーリズモの
特徴は、大きく二つある。それは、ツアー訪問型に特化していること、運営が
民間（高岡伝統産業青年会）ということである。この人気の秘密を産地の実情
から探る。

高岡市の概要

　高岡市は、富山県北西部に位置し、県庁所在地の富山市に次ぐ第２の都市で
ある。高岡は藩政期、加賀前田藩が統治しており、商業都市として発展してき
た。とくに高岡銅器や高岡漆器などは国の伝統的工芸品に指定されている。高
岡銅器は、全国の銅器生産額の90％超となっており、全国でみられる銅像のほ
とんどは高岡で生産されている。

　高岡銅器の起源は、1609年（慶長17年）に加賀前田藩主、前田利長が高岡開
町の際、７人の鋳物師（いもじ）を高岡市金屋町に呼び寄せたことが始まりい
われる。現在も金屋町は重要伝統的建造物群保存地区として指定を受け、当時
の鋳物場の風情を残している。その後、藩政期に培われた工芸技術は、アルミ
産業や金属製品、化学産業に引き継がれ、現代に至っている。また前田家ゆか
りの観光資源として、北陸では数少ない国宝指定の建造物である瑞龍寺、勝興
寺などを有する。

高岡クラフツーリズモの内容

　まず高岡クラフツーリズモについて説明する。高岡クラフツーリズモは、以
前は富山県外のデザイナーやバイヤー、関係企業向けに工場を公開するクロー
ズドなツアーとして実施していた。その後、2012年（平成24年）から対象を一
般向けに広げ、高岡伝統産業青年会の事業として開始した。同年には、高岡ク
ラフトコンペティションの入選作品展示会を柱にした高岡クラフト市場街も開

催され、その企画の一部に高岡クラフツーリズモが組み込まれている。ただし高岡クラフト市場街は行政主導で行われているが、高岡クラフツーリズモは完全に高岡伝統産業青年会による民間主導で、主催は異なる。では具体的にどのような内容なのか。

　2022年（令和4年）9月に実施された高岡クラフツーリズモの例でみてみる。Aコースでは「邪気を祓おうMY風鐸づくりコース」、Bコースでは「仕上げや工程で変わるオリジナルトレイコース」、Cコースでは「銅物（どうぶつ）を付けよう！オリジナルコースターコース」、の3コースが開催された。午前10時から午後5時半まで、丸一日をかけて、市内の工場を貸切バスで移動し、鋳造、鍛金（たんきん）、研磨、着色など約5カ所の工場を見学体験し、一つのものを完成させる。いずれも参加費は1万円（昼食費含む）で、定員は3コース合わせて18名となっている。当日は、青年会のメンバーが、受付、記録、コースごとの案内人、各工場での対応などに携わり、参加者の数倍の人員が投入されている。

　内容をみてみると、体験の材料費や昼食代が含まれており、参加費が1万円というのは格安である。バスのチャーター代を考えると収益は一切見込めない。運営に関わる青年会のメンバーは、完全にボランティアであり、むしろ持ち出しが発生することもある。それでも運営側は、「自分たちの言葉で自分たちの現場の魅力を伝えること」にこだわり、きめ細やかな企画を実施し、年々バージョンアップを図っている。運営側は見学体験の対応を通じ、コミュニケーション力の向上、来場者のニーズ把握など、技術のみならず、人間的な成長を図っている。

高岡伝統産業青年会とは

　最後に、高岡クラフツーリズモの運営主体である高岡伝統産業青年会（以下青年会）について説明する。青年会は、高岡商工会議所青年部内の伝統産業部門が独立して設立された。年齢は40歳までで、加入条件は伝統産業に関わるメーカー、職人、問屋などに限定されていた。近年は人員減少に伴い、入会条件を緩和し、興味のある人なら誰でも入会できることにしている。実際、行政職員やデザイナー、販売員、会社員なども加入し、業種を超えた横断的な組織となっ

ている。

　主な活動は、高岡クラフツーリズモのほか、高岡伝統産業のブランド化や、PR、鋳物の体験、富山大学芸術文化学部との交流、他産地との交流、近年では高岡を舞台にしたローカルショートムービー「すず」の製作など斬新な取り組みを行っている。公益性の高い非営利組織であり、組織に所属しているメンバー間の関係も良好で、卒業生との縦のつながりも強い。

　また興味深いことに、青年会の会長経験者が卒業後に成功する例がみられる。鋳物メーカーの㈱能作の能作克治社長（現会長）は、1995年度（平成7年度）に青年会の会長を務めている。その頃は、仏具、茶道具、花器などの製造メーカーであったが、2001年（平成13年）に錫製の風鈴、2003年（平成15年）には自由に変形するKAGOという器を作り、それまでの仏具生産から日用雑貨に範囲を広げて着実に成長を続けている。2017年（平成29年）には新社屋を16億円かけて建築し、工場見学や体験コーナー、さらに販売や飲食が可能な場を作った。現在、全国でも注目される産業観光施設となっている。

　また、㈲モメンタムファクトリー・Oriiの折井宏司社長は、2009年度（平成21年度）に会長を務め、卒業の翌年に着色技術が地域資源ファンド助成を受け、その後全国展開を行っている。現在は建築資材やアクセサリー、衣料などにも独自の着色の技術を応用し、活用の場を広げている。

　㈲シマタニ昇龍工房の4代目の島谷好徳氏は、会長を務めた2011年度（平成23年度）の2年後にすずがみという製品を開発している。錫を鍛金という技法で叩いて薄く板状の延ばした食器で、形を自分の好きな形に整えられる。2013年（平成25年）にはsyouryuという独自ブランドを立ち上げている。

　これら三者の特徴は、販売だけではなく体験を取り入れていることで、㈱能作の錫の酒器づくり、㈲モメンタムファクトリー・Oriiの着色体験、㈲シマタニ昇竜工房のすずがみ制作体験は、職人技を理解する絶好の機会となるとともに、購買意欲の向上にもつながり、最終的に産地のブランド力の向上に寄与している。これらは高岡クラフツーリズモのオープンファクトリーの理念と共通するものであり、青年会のDNAとして共有し引き継がれているものである。

高岡クラフツーリズモの評価

　最後に、高岡クラフツーリズモが
なぜ高い評価を受け続けることがで
きているのか、その理由について私
見を述べる。これは高岡伝統産業青
年会の組織体制が関わっており、①
時限性、②自律性、③ネットワーク
性の3点があると考える。

　まず①の時限性である。青年会は
40歳で卒業を迎える。時間が限られ
ることで集中的に事業に取り組むこ
とができる。過去の事業と比較し、
より面白いこと、より楽しいことを

写真5-6　高岡クラフツーリズモの光景
（現地集合・受付）

注）著者撮影

企画しようとする。それらは営利ではなく、おもてなしの精神に満ちた企画内
容で、多くのリピーターを引き付けている。

　つぎに②自律性である。ほかのオープンファクトリーと大きく異なるのは、
行政の支援を受けていないところである。高岡市民の気風にも関係するが、商
業都市である高岡市は、公的支援を当てにせず、自律的に取り組むことが多い。
身の丈に応じた企画であるが、自分たちの持ちうる資源を最大限活用すること
で、来訪者の満足度を引き出す努力をしている。

　最後は③ネットワーク性である。高岡伝統産業青年会は、地域内外のネット
ワークを有効活用する。青年会内のメンバー間の関係も良好であり、外部のデ
ザイナーや専門家、他のオープンファクトリーの事業者とも積極的に交流して
いる。青年会のOBとのつながりも強い。網の目のようなネットワークを構築
している。こうした強みを活かしつつ、持続的な企画を生み出していることが
高岡クラフツーリズモの特徴といえる。

　一方で、青年会の人員の減少、運営負担の増加（人的負担・経済的負担）な
ど課題があることも事実である。今後、地域人材などボランティアの確保、ク
ラウドファンディングや新たな会員制など改革の検討も必要であろう。

（5）オープンファクトリーの意義と可能性

　これまでオープンファクトリーの定義や具体的な事例について説明してきた。これらの取り組みや既存研究などで明らかになってきたオープンファクトリーの意義を整理するとともに、今後の可能性についてまとめていく。

オープンファクトリーの意義

　2015年（平成27年）に発刊された「オープンファクトリーガイドブック」では、オープンファクトリー実施の意義を以下の通りまとめている（表5-4）。

　参加企業のメリットは、働く側の意識改革、子どもや後継者の啓発、ビジネスチャンスの拡大である。中間工程や下請仕事は受け身になりがちであるが、見られることによって、仕事の価値を再評価することや、仕事に誇りが生まれるなど、意識が大きく転換する。また工場の公開は、多様な人材との交流が生まれ、新たな就業希望者の輩出や受注機会が出てくる。さらに北條（2019）は、消費者の声やニーズ把握が商品開発につながることや、許（2020）は、騒音などで生じる地域住民との関係性の改善などを指摘している。

　来場者のメリットは、普段は見ることができない工場の内部を見学し、職人から直接、加工や製品の説明を受けることで、モノづくりについて理解を深めることができる。2008年（平成20年）には観光庁が設置され、ニューツーリズムの推進が図られているが、実際に来場者目線でのオープンファクトリーは、

表5-4　主体別のオープンファクトリーのメリット

主体	メリット
参加企業	見せる・伝えることが社員教育につながる
	子どもたちや後継者にモノづくりや地域の魅力を伝える
	ファンづくりでビジネス創出
	自社の価値の再発見
	業種転換・多角化へのきっかけ
来場者	モノづくりへの理解
	新しい観光・エンターテイメント
地域	地域全体の結びつきの強化
	地域に関心を持つファンの増加
	既存の枠を越えたコミュニティの創出

資料）経済産業省関東経済産業局（2015）より著者作成

あまり進んでいない。今後、行政や観光協会との協働によって、インバウンド対策などを含めた新たな展開を行う余地がある。

　地域のメリットは、連携して活動することで、参加企業同士の交流が生まれる。活動が深化すると、近隣の異分野の事業者とのコラボレーションも起きてくる。さらに関心を持った地域住民が巻き込まれてくることで、新しいつながりができる。その結果、地域全体の結びつきが強まることになる。北條（2019）や栗井（2022）は、地域における社会教育の推進をメリットとして挙げており、許（2020）は近隣住民や参加者同士が知り合いになることで、ソーシャルキャピタルが醸成されると指摘する。

オープンファクトリーの課題

　一方でオープンファクトリーの課題もあげておく。当初から指摘するように、人的負担と経済的負担が大きい。小規模事業者には、それが良いことだとわかっていても、実施に二の足を踏むことがある。最初は発案者（行政やキーパーソン）の依頼で始めたとしても、思ったような利益につながらなければ持続することはできない。楽しいという意識は重要であるが、儲かることや本人に有益であると実感できることが必要である。行政の支援も限られる中で、参加費やガイドブックの販売、体験収入など収益事業をはじめ、寄付や助成金、補助金、クラウドファンディングなど多様な収入構成が求められる。

　また北條（2019）は、日帰り客が多く観光消費につながってないこと、点在した工場を巡る二次交通の整備、宿泊施設や飲食店の不足、ガイドの不足、見学先の安全確保、インバウンドの受け入れ対策、産地内の他分野との連携などの問題を指摘している。ただし、多くのオープンファクトリーでは同様の課題を抱えながら、年々克服し活動を深化している。

今後の可能性

　オープンファクトリーは、ここ10年で大きな進化を遂げた。これは急激な変化というよりも、時代のニーズや環境に合わせて、しなやかに変化している。産地で実験事業を行い、産地間で共有しながら、それぞれの良いところを学び、自分たちの活動に活かしている。大企業の競争とは異なる、中小企業の共創の

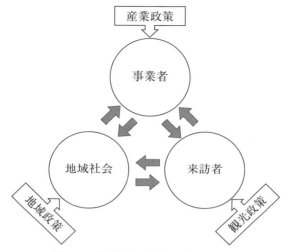

図5-1　主体間の関係と施策の関係
注）著者作成

姿勢は、全国のオープンファクトリーの成長の源泉といえる。

　とくに、オープンファクトリーが興味深いのは、各主体の目的が異なっているが、それぞれの公共政策の成果が、他の主体に波及することである。産地事業者への産業政策は、来場者や地域社会に波及し、来場者への観光政策は、産地事業者や地域社会に波及し、地域社会への地域政策は、産地事業者や来場者に波及する（**図5-1**）。省庁や部署を越え、主体間の利害を越え、これらを総合的にバランスよくコーディネートして取り組むことができるなら、地域を変革する新たな事業としてさらなる発展が期待できるのではないか。

　現代社会は地域の衰退が著しい。これは、人と経済の衰退、すなわち人口の減少と産業の衰退の二つの課題を抱えている。この処方箋を描くうえで、オープンファクトリーが果たす役割は大きい。

　オープンファクトリーは、事業者の意識改革や技術革新につながることも明らかになってきた。すべてのオープンファクトリーが成功しているわけではないが、地域に変化の機会を与えている。意識や技術、コミュニティのイノベーションを起こし、新しい未来社会を構想するために、さらに深化を遂げることが求められている。

〔参考文献〕

・岡村祐・豊田純子・川原晋・野原卓「我が国における工場一斉公開プログラム『オープンファクトリー』の開催動向と可能性」『公益社団法人日本都市計画学会　都市計画論文集』Vol.51 No.3、2016年、619 ～ 626ページ
・岡村祐・野原卓・田中暁子『まちをひらく技術──建物・暮らし・なりわい──地域資源の一斉公開』学芸出版社、2017年、14 ～ 28ページ
・北條規「産業集積地におけるオープンファクトリーの取り組み事例」『地域構想』vol.1、2019年、85 ～ 94ページ
・許伸江「オープンファクトリーの意義と効果──墨田区『スミファ』の事例──」『中小企業季報』No.4, 大阪経済大学中小企業・経営研究所, 2019年、17 ～ 31ページ
・栗井英大「『産地振興型オープンファクトリー』による新潟県長岡地域の活性化：アクションリサーチアジェンダ」『長岡大学研究論叢』第20号、2022年、111 ～ 132ページ
・経済産業省関東経済産業局『オープンファクトリーガイドブック』（株式会社ソーシャルデザイン研究所委託）、2015年
・経済産業省近畿経済産業局『OPEN FACTORY REPORT 1.0』（株式会社ダン計画研究所委託）、2023年
・産業観光推進会議『産業観光の手法』学芸出版社、2014年
・須田寛『産業観光　ものづくりの観光』交通新聞社、2015年

〔参考ホームページ〕

・おおたオープンファクトリー 2022　ホームページ（https://o-2.jp/mono/oof2022）
・株式会社ソーシャルデザイン研究所ホームページ（https://www.openfactory-japan.com）
・スミファ　ホームページ（https://sumifa.jp）
・関の工場参観日　ホームページ（https://kojosankanbi.jp）
・台東モノマチ　ホームページ（https://monomachi.com）
・高岡クラフツーリズモ　ホームページ（https://www.takaoka-densan.com）
・燕三条　工場の祭典　ホームページ（https://kouba-fes.jp）
・RENEW　ホームページ（https://renew-fukui.com）

【事例③】　産業観光に取り組む民間企業の事例
「能作　地域の産業観光のハブを目指して」

能作　克治　塩見　一三男

（１）会社概要・産業観光の概要

〈会社概要〉

会社名　　株式会社能作

創業　　　1916年（大正５年）

設立　　　1967年（昭和42年）

本社所在地　富山県高岡市オフィスパーク８－１

従業員数　177人（2023年３月20日現在）

事業内容　錫（純度100%）製テーブルウェア、インテリア用品、仏具、茶道具、花器、その他鋳物全般の製造・販売、産業観光事業、錫婚式事業

〈主な産業観光のアクティビティ〉

工場見学（FACTORY TOUR）

　高岡で400年にわたり育まれてきた鋳物の歴史や受け継がれてきた職人の技、能作のものづくりについてガイドが案内・説明している。鋳物づくりの現場のにおいや温度など、空気感を肌で感じながら、伝統を受け継ぐ職人たちの姿を直に見学できる。

工場見学

ⓒ株式会社能作

鋳物製作体験（NOUSAKU LAB）

　生型鋳造法（なまがたちゅうぞうほう）という砂を押し固めて鋳型を造型する方法で、ぐい呑みなどの錫100%製品を製作できる。

鋳物製作体験

ⓒ株式会社能作

カフェ（IMONO KITCHEN）

能作の器で富山の地元食材をふんだんに使用した食事を楽しめる。

観光案内（TOYAMA DOORS）

来訪者に、もっと高岡・富山を楽しんでいただきたいという思いから、富山県内の観光案内スペースを併設している。

県内の観光スポット、飲食店、宿泊施設など、能作社員が実際におすすめするスポットを自ら取材しカードとして作成、来訪者は自由に手に取り持ち帰れる。

ランチセット

©株式会社能作

観光カード

©株式会社能作

（2）講義内容

守る伝統から攻める伝統へ

能作は「伝統産業」という"くくり"でみられることが多い。しかし、多くのファンが抱く能作のイメージはどういうものであろうか。たとえば「伝統産業らしくない伝統産業」。これもそのイメージのひとつかもしれない。能作の歴史は、伝統産業のイメージを払拭してきた変遷ともいえる。まずはその取り組みを紹介する。

伝統的工芸品に対する国の定義がある。これをみると、「機械により大量生産されるものではなく、製品の持ち味に大きな影響を与える部分は職人の手づくりによる」ことや、「100年以上前から今日まで続いている伝統的な技術や技法でつくられている」といった要素が含まれている[注1]。すなわち、"長期に渡って伝承されてきた技術・技法を用いた職人によるものづくり"、と捉えることができる。この定義に基づいて能作のプロダクトをみてみよう。現在の代表取締役会長である能作克治氏が能作で仕事を始めた頃の主力製品は、真鍮製の仏具や茶道具、花器などである。プロダクトの利用シーンが、法事やお茶、お花

〈能作の歴史〉

年次	主な出来事
1916（大正5）	富山県高岡市京町にて、青銅鋳物により仏具の製造を開始
1967（昭和42）	業容の拡大に伴い、有限会社ノーサクを設立
1977（昭和52）	高岡市戸出栄町に新工場竣工に伴い移転
2001（平成13）	東京原宿バージョンギャラリーにて展覧会「鈴・林・燐」開催 ・真鍮製ベルが注目。セレクトショップでの取扱開始 ・販売員のアドバイスから風鈴を製作。大ヒット
2002（平成14）	業容の拡大に伴い、株式会社能作と改組改称
2003（平成15）	世界初「錫100％」製のテーブルウェアの製造を開始 ・「誰もしたことのないことをしたい」と錫100％の加工に挑戦。「曲がるのなら曲げて使える食器をつくろう」と「KAGO」シリーズが登場
2008（平成20）	真鍮製のベルがニューヨーク近代美術館（MoMA）の販売品に認定
2009（平成21）	日本橋三越本店に初の直営店を出店
2014（平成26）	医療機器製造業許可を取得
2016（平成28）	社内に産業観光部の設置
2017（平成29）	高岡市オフィスパークに本社・新工場竣工に伴い移転 ・産業観光の拠点が完成
2019（令和元）	結婚10周年を祝う「錫婚式」事業開始
2020（令和2）	地域限定旅行業を取得
2021（令和3）	通信販売酒類小売業免許を取得 古物商許可を取得
2022（令和4）	台湾・台北にブランドコンセプトストア「能作台灣品牌概念店」をオープン

注）株式会社能作の資料に基づき筆者が作成

であり、今の若者との接点はとても少なく、まさに伝統的工芸品といえる。また、当時のものづくりは、産地の問屋が総合プロデューサーとして存在し、「何をつくるのか」、「どのように販売するか」を取り仕切っていた。そして、その依頼のもとで産地内の能作を含めた、鋳造、研磨、彫金、着色、仕上げなどの各事業者が、個々の技術・技法を駆使してプロダクトをつくりあげる分業体制が構築されていた。すなわち、当時の能作は、「何をつくるのか」という観点は問屋に委ねて、自社の鋳物の加工技術を切磋琢磨することを最優先する経営であったといえる。この経営スタイルも伝統産業ならではといえる。

　そのような中で転機が訪れる。2001年（平成13年）、東京原宿バージョンギャラリーでの展覧会「鈴・林・燐」である。この展覧会に、能作のオリジナル製品を展示してみないかとの依頼があった。実のところ、克治氏は鋳物の仕事を始めて以来、「いつかオリジナル製品をつくってみたい」という願望をもって

いたという。その好機が訪れたのである。少し補足すると、この依頼が来た時点で、能作にはその展覧会に展示できるようなオリジナル製品は何もなかったという。この好機を逃すことなく、オリジナル製品の企画に取り組み、無事に展示会への出品を果たすのである。現在も能作のショップで見ることができる、真鍮製の美しいシルエットをした「ベル」という製品である。分業体制の元で、最高の技術・技法を駆使することを常に考えていた仕事の枠を踏み越えた瞬間である。問屋だけが考えていた「何をつくるのか」という問いに、自らが答えを出した第一歩といえる。

　展覧会に出品した「ベル」は、そのフォルムの美しさが注目され、いくつかのセレクトショップとの取引が始まった。しかし、残念ながら、さほど販売には結びつかなかった。「日本人がベルを使うライフスタイルではなかった」ことが原因という。ここでまた転機が訪れる。セレクトショップの店員との会話の中で、「風鈴をつくってみればどうか」という提案である。日本人は、ベルを使うライフスタイルはないが、風鈴は日常生活に浸透している。そうしてつくりあげられた風鈴が、能作の名を広く知らしめる大ヒット商品になるのである。プロダクト・アウトで「何をつくるか」を考えるのではなく、マーケット・インで「何をつくるか」を考えることの重要性に気づいた瞬間といえる。また、エンドユーザーに近いところほど、有益な情報が存在しているとの気づきの瞬間でもある。この気づきは、より消費者の声をプロダクトに活かしていこうとする、直営店の展開にも繋がるのである。分業体制の中で活動していた時にはけっして体験できなかったことといえる。

　この取り組みが契機となって、「伝統産業らしくない伝統産業」という能作のイメージを浸透させる、さまざまな取り組みが本格化するのである。

多様な挑戦（曲がる食器、海外展開）

　ベルや風鈴の分類はインテリア雑貨となる。生活シーンの中での利用頻度は限られている。より多くの能作のオリジナル製品が日常生活に浸透するためには、つぎは何をつくればいいのだろうか。この問いに対する答えもセレクトショップからの助言であった。答えは、金属製の「食器」分野である。

　能作が得意とする金属は真鍮であるが、食品衛生法という法律の縛りから、

食器の素材としては解決すべき問題が多かった。そこで、選ばれた素材が「錫（スズ）」であった。錫は錆びにくく、抗菌作用があり、水やお酒の味がまろやかになるとされるなど、食品に適した特性をもっている。また、一定の強度と加工の容易さを確保するために、他の金属と混ぜた錫合金（ピューター）にすることで、食器の分野で、国内でも広く利用されてきた素材である。ここで"能作"らしい判断が下される。それは「能作が錫合金（ピューター）を使用して食器を製造すると、他の産地の邪魔をしてしまう」というものである。競合他社との市場の奪い合いを選択するのではなく、市場をシェアできるプロダクトを発想しようとする姿勢である。この姿勢こそ、多くの能作ファンが能作をフォローする要因のひとつではないだろうか。このような過程でたどり着いたひとつの答えが、錫のやわらかさを最大限に活かした「曲がるのなら曲げて使える食器をつくろう」という逆転の発想である。こうして生まれた製品が曲がる「KAGO」シリーズである。

　海外展開も能作の挑戦である。2008年（平成20年）、真鍮製のベルがニューヨーク近代美術館（MoMA）の販売品に認定されたことが、そのきっかけであった。日本人は木製や陶器製の食器が浸透しているのに対して、海外、とくに欧米人は、金属製のものが日本よりも浸透しているため、より多くの市場が期待できるのではないか、という発想である。そこで、海外での能作の知名度を高める一歩として、まずは見本市などへの出展を進めていく。フランスのパリやリヨンでの見本市や、中国・上海での展示会、ドイツ・フランクフルトでの展示会などである。さらに、そのつぎのステップとして、イタリア・ミラノやアメリカ・ニューヨークでのアンテナショップを展開していく。

　海外展開から獲得した気づきとして、「各国の文化を見据えた商品開発が必要である」というものがある。日本で売れたからといって、海外（欧州、北米、東アジア）で同様に売れるものではない。各国には固有の文化があり、金属製のさまざまなプロダクトに対して、如何なる動機で使用したいのかを考えないと、その国々の人々には受け入れられないということである。ここでもマーケット・インの重要さに気づかされるのである。

　能作による海外展開は、産地のための活動とも位置づけられている。高岡の伝統産業の仲間には、海外に販路を求めたいと考える職人もいるが、どのよう

に進めていけばよいのか、そのノウハウがわからないという声が存在する。能作が海外展開の"轍（わだち）"をつけることで、海外志向をもつ地域の職人が海外に向けた一歩を踏み出せるのである。能作にとって、「海外展開＝地域貢献」でもあるのである。

能作が目指す産業観光

2000年（平成12年）1月23日付けの北日本新聞の記事がある。当時の能作の本社工場（高岡市戸出栄町）を活用して、鋳造工程を中心として、ものづくりの魅力を伝える「ミニ展示館」を準備していることを紹介する記事である。若々しい克治氏の写真が載っている。「将来は工場見学も可能にして高岡のものづくりの技を子どもたちに広く伝える場所にしたい」と語っている。現在、多くの人々が知っている能作の新社屋は、2017年（平成29年）にオープンしたものである。新社屋では、子どもたちに"ものづくりの技"を伝えるためのさまざまな工夫が施されているが、そのアイデアは、新社屋建設の17年前からスタートした「ミニ展示館」からの経験の蓄積なのである。

能作の産業観光は新社屋だけで完結するものではない。新社屋に来ていただくためのプロセス、そして新社屋に来ていただいた後のプロセスも考えて設計されている。まず前者を紹介する。能作は海外だけではなく、国内にも多数の直営店を展開している。これは、マーケット・インのものづくりを実現するための"消費者の声を聞く"という役割が大きいのだが、産業観光の観点からは、能作と高岡に興味をもってもらうための広告塔の役割ともいえる。直営店で能作や高岡銅器のことを知り、興味をもってもらい、実際に足を運んでもらおうという流れである。

そして、新社屋の来訪者に、能作のものづくりの魅力を伝えるプロセスとなる。鋳物づくりの現場のにおいや温度、空気感、職人の表情や動作を肌で感じられる「工場見学」である。自らがそのものづくりを体験もできる。砂を押し固めて鋳型を造型する方法で"ぐい呑"などの錫製品を製作できる「鋳物製作体験」である。これらが、能作の産業観光の最も魅力的なアクティビティといえる。また、能作の食器を使って食事を体験できる「カフェレストラン」や、能作の製品を購入することができる「ショップ」も併設されている。多くの来

訪者はこの４つのアクティビティを体験して、能作のものづくり、高岡の技術を理解することになる。

　さらに、注目すべきコンテンツがある。これが"新社屋に来ていただいた後のプロセス"を意識したものである。「TOYAMA DOORS」と名付けた富山県魅力発見ブースのことである。来訪者にもっと高岡・富山を楽しんでいただきたいという思いから、能作社員が制作した富山県内のおすすめスポットを紹介するカードを設置し、来訪者は自由に手に取って持ち帰れるようにしている。このブースの意味はどういうものであろうか。産業観光によって能作だけが利益を得るのではなく、高岡市や富山県にも波及効果を広げたいという能作の想いがこもっている。直営店で関心をもってもらい、新社屋に足を運んでもらい、地域にも広がって欲しいという想いである。能作は常に地域のことを考えているといえる。

能作のポリシー

　能作の産業観光と県内のこだわりの地域とを組み合わせたオリジナルの旅を提供する「想い旅」。子どもたちの夏休みの学びの機会を提供する「「いもの」を学ぼう！」。いずれも地域とともに成長する能作を意識した活動といえる。「地域社会に労を惜しまずに貢献する」。これが能作のポリシーであり、産業観光も地域のための取り組みなのである。

〔注〕
（注１）経済産業大臣指定伝統的工芸品の定義による。〈https://kyokai.kougeihin.jp/〉

〔参考文献〕
・ 能作克治「踊る町工場　伝統産業とひとをつなぐ『能作』の秘密」ダイヤモンド社、2019年10月発行

第6章　私たちの地域の産業観光を体験する
〜現場だから見えてくる産業観光の魅力〜

武山　良三

（1）「わかる」とは？

産業観光から学ぶ実践知

　産業観光は、生きた教材である。地域で営まれている産業には、その地域特有の自然や歴史・文化が色濃く反映している。富山はデザインが盛んな地域[注1]だが、それは江戸時代以来の鋳物産業や薬業があったからである。薬業は富山の豊富な水資源を活用した電力開発に繋がり、安価な電力が江戸時代以来の鋳物づくりと合わさってアルミ産業が興った。それらの取り組みには、地域の人々の高い志と創意工夫とが溢れている。普段は直接触れる機会が少ない産業現場であるが、観光を通して見聞することで、地域の特色や人々の叡智を学ぶことができる。

　地域の産業について学ぼうとする時は、地元の図書館、博物館に収集されている資料や文献、郷土史研究家の研究資料などが参考になる。企業が保有している創業時からの社史なども役立つが、文字には記載されていない情報、たとえば実際に使われた材料や道具の形状、それらがどのような手順で使われたのかを知ることは難しい。製造機械に施された工夫や工場での配置、そこで働く従業員の操作状況など、産業現場には文献にすることが難しい情報がある。加えて、経営者や従業員はよりよいものづくりをするために、どのようなことを考えて取り組んでいるのか、生の声を知りたいところである。現状の課題を改善しようとするとき、また新たな産業をつくろうとするとき、この種のリアルな情報が役に立つ。社会で活動する上でそのような生きた知識「実践知[注2]」を学ぶことは産業だけでなく、あらゆる分野で活用できるだろう。産業観光は関係者から直接話を聞けるという点でも有効な学修機会になる。

　大学での学びは過去の知見を集めた文献や論文を土台に知性的に進められる。論理的にデータを収集し、定量的に数値で示すことで、対象の優劣を客観的に確かめて結論を導き出す。しかし工場で行われていることは環境も違えば扱っ

ている対象、作業をしている人の属性も異なり、定量化することが難しい。また、できた商品を評価する指標となる「好き・嫌い」といった嗜好性にも個人差がある。現場の特徴を掴むためには、感性を働かせて直感的、主観的にデータを収集し判断せざるを得ない。言語化が難しい感覚的な情報を如何に捉え、何を学び取り、将来に向けた知恵としていくか。産業観光の学びの価値は、そこにある。

社会言語と感性言語

　現代社会では言語を用いて意思伝達が行われる。言語は言うまでもなく人類の社会化を推進し、発展を支えた主役である。文字で記録された約束事や理論によって人が考えることの基盤が構築されている。言葉を記録できる文字、それを簡易に複製・流布できる印刷・出版技術の発明によって、文明・文化が飛躍的に発展したことは歴史を振り返れば明らかである。

　20世紀後半に登場した個人的に使えるコンピュータであるパソコンが普及し、それらがインターネットに繋がった。パソコンは小型化し手のひらにのるスマートフォンになった。そこでは文字だけでなくアイコンやスタンプといったグラフィックシンボルや映像、音声などが表現手段に加わった。さらに無線LAN環境により場所を特定せず、多様な形態のコミュニケーションが何処にいても図れるようになった。日常のコミュニケーション手段として一般化しているLINEでは、文字を使わずスタンプのみで意思疎通を図るケースもある。

　幼児は成長する過程で、家族の会話などを聞いて体験的に学び、小学校に入る頃には日常会話は不自由なくできるようになっている。小学校に入ると五十音からはじめ、言葉を体系的に学び、文法を知り、書く技術を身につける。わが国では英語を中学・高校と6年間勉強してもあまり身につかないことが課題になっているが、幼児が学校で学ばなくても日本語が話せるようになっているという事実に注目すべきだろう。実践の伴わない論のみの学びは脆弱だ。このことは、言葉だけでなく、他の学修においても同様の現象がおきていると考えるべきだ。

　景観を事例に伝達力を考えてみる。**写真6-1**は、京都らしい和風の料理旅館の玄関だ。正面に暖簾や行灯型のサインがあり、脇には木桶と柄杓が置かれて

136

いる。「打ち水」という風習を知っ
ていたら、これで開店前には打ち
水をして、客を迎える準備をする
のであろうことが「わかる」。道
具の使い込んだ素材感から「毎日
の習慣である」という情報、柄杓
の置き方から「丁寧に扱われてい
る」という情報を読み取れる。「当
店では毎日打ち水をしています」
と貼り紙をして伝えることもでき
るが、それでは興ざめするだけだ。
人は店に入るとき、貼り紙やガイ

写真 6-1　京都らしい和風の料理旅館の玄関

注）著者撮影（以降の本章において注記の
ないものは「筆者撮影」「筆者作成」の意と
する）

ドブックに記載された文字情報だけで決めるのではない。文字以外の感覚的な
情報を総動員して判断している。生活において、家の内にも外にも表示された
文字は限定的である。日常私たちは、常に文字以外の情報を知覚して主観的に
判断している。

　言葉や育ってくる過程で社会の約束事として教えられる、たとえば図記号で
も「赤は止まれ」と示す交通信号のように当該地域で常識とされるものを筆者
は「社会言語」と呼んでいる。一方、「赤は温かい」や「赤は危険」といった
連想する物や現象から想起される情報を用いた伝達を「感性言語」と呼んでい
る。ひとつずつ定義づけられたことばを用い、学校で教えて貰う社会言語は、
個人による理解差は小さいが、異なる言語を学んだ相手には通用しない。感性
言語は、各自の体験により形成されるため個人差が大きいが、世界中で体験さ
れるような事象においては、言葉を越えて理解することができる。

　社会言語と感性言語とは、両者の特性を知り、伝えたい対象により優先する
手段、あるいは両者を組み合わせて伝えると効果的である。

「わかる」とは経験に照らすこと

　対象が何か、その魅力がどこにあるかを「わかる」ためには段階がある。ま
ずは「①情報入力」である。主には視覚的に、対象がどのような形や色をして

いるのかを捉える。そこで問われるのが見やすさ、視覚として認識しやすいことである。数多くのものが混在していると対象物への視認性は低下する。情報を整理して、本当に伝えたい情報だけにすること、その情報の周辺には余白をとるなどして見えやすくすることが求められる。

　つぎに「②認知」である。その形が何であるかを自分の知識の中から照合して判断する。たとえば、マグカップの中に茶色い液体が入っていたとする。それを差し出されて「珈琲はいかがですか？」と声をかけられたら、珈琲を勧められたと理解できる。しかし、もし違う言葉で話しかけられたら、中身が本当に珈琲かと不安に思うだろう。あるいは、珈琲を飲んだことがない場合も、茶色い液体にしか見えず返事に困るだろう。「わかる」ためには、情報を伝える側と受け取る側の知識、話す言語や持っている経験知が一致していることが不可欠である。

　対象を理解した上で最後に求められるのが、「③感動」である。差し出された側は美味しさが期待できるものでなければ口にしないだろう。珈琲は嗜好品、気に入らなければ飲む必要がないからだ。マグカップに「これは美味しい珈琲です」とは書かれていないが、差し出された側は湯気や香りなどから経験知と照合し、「飲む・飲まない」を判断する。

　産業観光も同様に、絶対に行かなければならない旅行ではないだけに、ぜひ行ってみたいと思わせるような楽しさや感動を伝えることが不可欠である。そこでは経験知を刺激するような情報提供が求められる。

　受け入れ側と観光客側とが共通の価値観や感覚を持っていないと伝わらないが、地方部と都市部とではそれらにズレが生じやすい。受け入れ側としては、よかれと思いモダンなデザインを取り込もうとするのだが、板についていないため中途半端になってしまう。都市部の人が期待しているものは、地方ならではの豊かな自然や歴史ある文化、素朴さやリアリティだ。訪れる人が求める経験知を踏まえて準備することが求められる。

（2）主観の客観化

特色づくりに有効な主観

　観光客は、ステレオタイプであってもわかりやすく安心感のあるスタンダー

ドコンテンツと、あまり知られておらず強い特色を持ったスペシャルコンテンツとの両方を求める。したがって受け入れ側としては両者をバランス良く構成する必要がある。スタンダードコンテンツは、自然、景観、歴史、文化など観光の基盤となるもので必要不可欠であるが、それだけで人を寄せることは難しい。きれいな水とそれでつくった米や酒は地方都市にとって重要な魅力要素だが、それは全国各地で自慢しているからだ。地場産業に触れる体験型観光ができることも、一昔前はスペシャルコンテンツと位置付けられたが、今では一般化している。日本国中で観光魅力度を高める取り組みが行われており、旅を動機づけるスペシャルコンテンツにするためには、独自性が不可欠だ。

　わが国が高い経済成長を遂げていた時代は、大量生産・大量消費が推進され、人々の感覚も同じであることを好む傾向があった。つくり手は、最大公約数的なものづくりを行い、テレビや雑誌など東京を拠点とするマスメディアを通じて、新商品を広告する情報を流した。人々は同じものを持つことで、豊かさを感じていた。

　しかし今日は多様性の時代、自分の好みでモノを選択するようになっており、SNSで得た情報などを元に共感できるものであれば、多少不便なものでも苦労してでも入手しようとする。加えてモノが溢れる時代、モノよりもそれに係わるコトに価値を求め、消費行為の判断材料としている。つくり手側は、かつてのようにマーケティングに基づく最大公約数的なものづくりではなく、新たなスタイルを提案し、それに共感した人々に購買を通して支援してもらう、といった経営戦略が重視されるようになっている。

　産業観光においても、スタンダードコンテンツを企画するためには客観的なマーケティングデータを活用し、スペシャルコンテンツの企画には主観的な好みや世界観を重視して進める必要がある。

街から学ぶタウン・ウォッチング調査法

　主観的なアイデアを得るためには、自身が体験して感動できるポイントを探る必要がある。自分の言葉でその魅力を表現することで他者との違いをつくり出すことができる。実践知を得るための手法として、タウン・ウォッチング調査法について解説する。

　富山大学の高岡キャンパス^(注3)では、まちづくりを学ぶ授業^(注4)の中で、県内イベントを学生目線で調査し、魅力づくりのポイントや運営していく上での課題をさぐってきた。ゴールデンウィーク期間中に開催されるいずれかのイベントに個人またはグループで参加し、レポートをまとめるという課題である。

　調査では直感的情報を重視しながらも、一定の客観性をもって定量化することをポイントとしている。客観的調査の条件は、自分が調べたことを他者が同じように実施できるかである。同じ調査を場所や時間を変えてできると、それらは比較分析することが可能になる。街中の調査を実施する場合は、つぎの条件を特定する必要がある。

---

①場所：地図上で範囲を特定する
②時間：年、月、日、時間などを特定する
③対象：用いられているモノ、設備や空間、提供されているコンテンツや
　　　　サービス、係わっている人などの調査対象を特定する
④方法：対象の数を数える、大きさなどを測る、写真を撮って特徴を抽出
　　　　するなど

　調査事例として、高岡市の中心市街地で毎年5月1日に開催される高岡御車山祭（**写真6-2**）^(注5)について、学生が実施した巡航する7基の山車についての調査レポートを紹介する。**図6-1**は、直進しかできない山車を交差点で90度担ぎ上げて方向転換することがひとつの呼び物になっていることから、学生Aは転換時に何歩・何秒かかっているか、加えて町ごとに個性を競う法被（はっぴ）の図柄について調べた。学生Bは朝早くから晩まで現場に出向き、山車が時系列でどのように組み立てられ、山宿^(注6)に配置されるかを調べた（**図6-2**）。

　いずれも通常のパンフレットでは紹介されていないが、祭を楽しむ上で効果的と思われる情報を拾い上げている。学生の目線には、地元関係

写真6-2　高岡市で開催される高岡御車山祭

図6-1　学生Aの調査レポート

注）学生A作成

図6-2　学生Bの調査レポート

注）学生B作成

者が長年関わっていることで固まってしまっている見方・先入観がない。しばしば新たな気づきが見出されることがあり、学生調査には地元関係者から期待が寄せられている。

　調査対象を考える際、たとえば「山車」と事前にあたりは付けられるが、より具体的に絞り込むためには現場での観察から得られる直感が重要だ。山車の方向転換について調べた学生も、祭に参加するまでそのようなことが行われていることは知らなかった。現場で行われていた方向転換行為に感激して調べることを思いついた。大まかな調査計画をつくりつつも、現場で臨機応変に調整することが求められる。以上のようなことから、タウン・ウォッチング調査法のポイントとして、つぎのような事項を挙げることができる。

①五感を使う　　　：写真や録音を活用、目を閉じて耳を澄ます、触って感触を確かめる

②流れを掴む　　　：時間や場所、目線の高さを変える
③視点を変える　　：つくり手側、使い手側、高齢者等立場を変える
④目的をつくる　　：どこに行きたい、何がしたいかを設定する
⑤資料を集める　　：パンフレットなどを収集する
⑥会話する　　　　：100円払うだけでお客様になり、より有用な情報を引
　　　　　　　　　　き出せる

　タウン・ウォッチング調査法では、視覚的な観察が基本になるが、スマートフォンで写真や映像、音声を記録して分析したい。また、祭の管理運営者、山車を曳いている担い手、見物している観光客など、人に対する聞き取り調査も効果的である。その際の手順および留意点はつぎの通りである。

①相手を探す　　：相手が話しやすい待機中や閑散期を狙う
②名乗る　　　　：「富山大学の学生で…」と名乗ることで安心感を与える
③目的を伝える　：「授業で○○を調査」と伝えることで答えやすくなる
④了解を得る　　：写真撮影時はひと言声をかける
⑤メモをとる　　：素早く記録できるようにフォームを準備しておく
⑥確認する　　　：会話中、会話後、調査中に不明な点は確認する
⑦礼を述べる　　：笑顔が謝礼になる

　聞き取り調査では、リアルなコメントを引き出せる一方、それらを並べるだけでは内容が網羅的になり、全体の傾向を読み取ることが難しい。客観的な資料とするためには、内容を分類することで、数えられるようにする。たとえば、コメントに含まれる内容が祭に参加して、楽しかったとするか、楽しくなかったとするか、どちらでもないかに分けることで、楽しかったとする人の割合が全体の何パーセントになったかを数値化できる。
　観光客が魅力的だったとする点は多様だが、ある程度予測して選択肢を設けておくことで数量化がしやすくなる。チェックするだけで答えられるような回答用紙を準備しておくと効果的だ。どのような観点で調査・分類するかは、調査で何を明らかにしたいか、どのような結果が予測されるかを考え、グループ・ディスカッションでさまざまな検討を加えて調査内容・形式をつくるようにすると良い。

（3）現場から引き出す地域の魅力

金沢が人気観光地になったプロモーション

　2015年（平成27年）に北陸新幹線の長野～金沢駅間が開業し、首都圏から富山県・石川県へのアクセスが向上したが、開業を通して金沢の観光地としての集客力の高さがあらためて確認された。金沢が今日のような人気観光地になったことには、ひとつのきっかけがあった。1970年（昭和45年）、当時の国鉄が地方への旅客者数を増加させるために行った「ディスカバー・ジャパン」キャンペーンである。そこで取り上げられたのが「あめの俵屋（以下俵屋）」で、風情のある瓦屋根の店舗に「俵屋・あ・め」と大きく描かれた白い暖簾から、若い女性が顔を出すポスターは、伝統的な金沢の町並みと文化の魅力を見事に表現した（**写真6-3**）。高度経済成長時代に浸透した著名な名所旧跡を団体で巡るという観光旅行に、新たなスタイルを提案することになった。折しも同年創刊された女性総合誌「anan」翌年創刊の「non-no」がこぞって金沢、倉敷、妻籠などを特集、国民的アイドルとして人気があった歌手・山口百恵が歌ったキャンペーンソング「いい日旅立ち」がヒットしたことも相乗して、地方の魅力ある小さな町を、個人もしくは小グループで旅することがお洒落、という価値観が提案された。

　俵屋は金沢の代表的な観光エリアであるひがし茶屋街や主計町から歩いて行けるものの少し距離があり、しかも細い路地を入ったわかりにくい場所にある。しかし、キャンペーンから半世紀を経た今日もいまだに俵屋の白い暖簾の前で記念撮影する観光客の姿が絶えない（**写真6-4**）。今では俵屋の暖簾の前で記念撮影し、

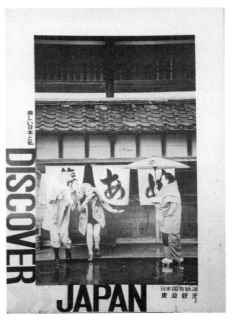

写真6-3　ディスカバー・ジャパンのポスター：金沢編

それをSNSに投稿することが、金沢
旅行の目的の一つであり証になって
いる。

　普段何気なく見ている暖簾である
が、観光客目線で捉えると町並みの
雰囲気をつくり出している要素であ
り、思わず写真を撮りたくなる景観
要素だ。そこからは店や地域の歴史・
文化・産業を読み取ることもできる。
ディスカバー・ジャパンは、そのよ

写真6-4　俵屋の白い暖簾の前で記念撮
影する観光客

うな潜在性に着目したからこそ大きな共感を得られたと考えられる。

暖簾が伝える店と地域の魅力

　観光ツアーを企画するときは、まずはどこへ案内するかの対象候補をあげる
ことから始まる。俵屋の事例のように、一般的な観光ガイドに紹介されていな
くても、自分が興味のあると思える対象を積極的に取り上げたい。「何度も訪
れたい魅力を感じるか」それが対象として取り上げる価値があるかないかの選
考基準になる。

　自身の感性だけでは読み取れない情報を引き出すうえで、現地での聞き取り
や関連の資料調査も重要だ。白い大きな暖簾を複数枚掲げる俵屋であるが、調
べてみるとそのようなスタイルは米や麹を扱う店の定番であることがわかった。
俵屋も元々米麹屋であったが、天保の飢饉に際し、赤子が栄養を取ることが難
しくなったことから飴づくりをはじめたという。飴には高い栄養があることを
あらためて知ることができた。布製の暖簾は、風雨で傷むため3年ほどで新し
いものと掛け替えられる。そこで現在（**写真6-5**）と昔（**写真6-6**）[注7]とで
比べてみると文字が昔と比べて太くなっていることがわかった。このことを店
主に確認すると、古い暖簾を上書きするため徐々に太くなったとのことであっ
た。観光客にとって、SNSに掲載できるような魅力的な写真が撮れることは当
然として、さらに知的好奇心を満足させられるような情報を加えることで、対
象の観光的価値を高められる。

写真 6-5　2019 年に撮影した俵屋の暖簾　　写真 6-6　　1978 年に撮影された俵屋の暖簾
　　　　　　　　　　　　　　　　　　　　注）注 7

図 6-3　Google Map で作成した金沢市旧
市街における伝統的な看板の配置図　　　写真 6-7　　参加者の満足度を高めた看板の
　　　　　　　　　　　　　　　　　　　解説会

　俵屋のような暖簾や看板は、金沢の旧市街地にいくつも点在している。**図**
6-3は、筆者が調査した金沢市旧市街における店舗看板の配置図である^(注8)。
金沢城を取り囲むようにあり、とくに尾張町やひがし茶屋街周辺に集中してい
ることがみて取れる。地図上に訪問候補地をプロットすることは、ルートを考
える上で有効である。徒歩移動の可能性も検討するため最寄りの公共交通のり
ばや、利用できる路線も確認しておくようにする。

　図6-4は、2019年（令和元年）に日本サイン学会で実施したルートである。
移動上の安全性を考え、1グループを10名までとし、2つのルートを設定した。
共に伝統的な暖簾や看板を見て歩くことで金沢の旧街道沿いに残る歴史的町並
みや老舗巡りができる。それぞれの店では、和菓子、昆布、佃煮、薬、九谷焼、

漆器、金箔、料亭、旅館など、金沢らしい品々に出会い、味を楽しむことができる。道中適宜解説を加えた上、午後は一堂に会して感想を述べ合うと共に専門家による詳しい解説を受けた（**写真6-7**）。当該地域の観光ボランティアガイドも参加していたが、初めて知る内容も多くあったとの感想が寄せられた。暖簾・看板は旅行ガイドに取り上げられることは少ないが、それこそが生きた情報であり、都市部からの観光客が喜ぶスペシャルコンテンツとなることが確認できた。

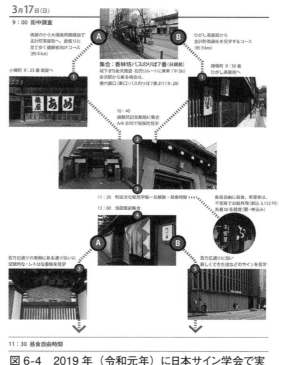

3月17日(日)
9:00 街中調査

俵屋のから大樋美術館経由で主計町茶屋街へ、欲張りに見て歩く鏡磨者向けコース（約4km）

ひがし茶屋街から主計町茶屋街を見学するコース（約3km）

集合：香林坊バスのりば7番（日銭前）
城下まち金沢周遊 右回りルートに乗車（9:06）
金沢駅から乗る場合は、兼六園口（東口）バスのりば7番より（9:20）

小橋町 9:25 着 俵屋へ

橋場町 9:30 着 ひがし茶屋街へ

10:40 撥鏑花記念館前に集合 A/B 合同で尾張町見学

11:20 町民文化館見学後一旦解散・昼食時間

各自自由に昼食。希望者は、不室屋でお料理（税込 1,132円）先着10名程度（要・申込み）

13:00 浅田屋前集合

百万石通りの裏側にある通り沿いに伝統的な・レトロな看板を見学

百万石通りに沿い新しくできた店などのサインを見学

11:30 昼食自由時間

図6-4　2019年（令和元年）に日本サイン学会で実施したルート

富山県ではすでに冊子になった「富山産業観光図鑑」があり、立ち寄り候補地を選考しやすいようになっているが、最終的にモデルコースをつくる場合は、現地を訪れ冊子に記載された内容に誤りがないかを確認すると共に、学生目線で取材を行い、都市部からの観光客が関心を持ちそうな情報を加えていくことが求められる。

学生が企画する産業観光—高岡市金屋町を事例に

高岡市は仏具や茶道具、記念品やブロンズ像などの鋳物産業が盛んなことで知られているが、その発祥の地が金屋町である[注9]。材料や製品の運搬に好都合であるように、また火を扱うことから火事が起きても中心部に被害が及ばな

いように千保川の北側一帯に工場がつくられた。江戸時代は農具や生活道具を
つくっていたが、明治時代になると美術銅器が海外で高く評価されたことから
地場産業の柱となった^(注10)。戦後は騒音や廃棄物に厳しい目が向けられるよ
うになり、1977年（昭和52年）に工場は高岡市南部に建設された産業団地に移
転した^(注11)。高度経済成長が落ち着いた頃からは、ライフスタイルの変化も
あり需要が低下、業界と行政は1986年（昭和61年）から新たな商品を全国公募
する「工芸都市高岡クラフトコンペティション」を開催するなどさまざまな振
興策を講じている^(注12)。

　富山大学芸術文化学部の前身である高岡短期大学も同年、地場産業の活性化
を目指して設立された。金屋町と大学との交流は、1998年（平成10年）に実施
したテレビ公開講座を契機として始まり、それ以降継続的に協働して地域活性
化事業に取り組んできた^(注13)。金屋町は鋳物産業の売上げ低下と歩調を合わ
せるかのように、高齢化が進行、空き家が増加していた。町の活力が失われる
一方、「さまのこ」と呼ばれる千本格子を用いた伝統的な町並み景観の価値が
見直され、観光客が訪れるようになっていた。日常、観光客は入れない町家だ
が、内部には土間や蔵、広間や茶室を備えた素晴らしい空間がある。また、多
くは産業団地に移転したものの、いくつかの鋳物工場が稼働していることから、
産業と町並み景観を組み合わせた魅力化策を企画した。2000年（平成12年）か
ら住民主体型で町家を公開するイベント「さまのこフェスタin金屋町」を行っ
ていたが、2008年（平成20年）からは大学が加わって内容を一新した。金屋町
一帯を美術館に見立て、鋳物でつくられた銅器をはじめ漆器や陶器、ガラス器
など優れた工芸作品を、町家の内外に展示するとともに工房見学、ものづくり
ワークショップなどを組み合わせた「金屋町楽市inさまのこ（以下楽市）」を
実施した（**写真6-8 〜 6-9**）^(注14)。

　イベントでは、学生が主体となって企画、立案、制作、広報、実施、管理と
一連の取り組みを行っている。当初は参加している教員のゼミ生などが自主的
に参加していたが、学生のデザイン力や実践力が顕著に向上したことから、
2014年（平成26年）からは「プロジェクト授業^(注15)」として単位認定化、毎
年40 〜 50名の学生が参加している。

　芸術文化学部には、美術・工芸、デザイン、建築デザイン、キュレーション

写真6-8　金屋町一帯を美術館に見立てた「金屋町楽市 in さまのこ」

写真6-9　伝統的な町屋室内ならではの作品展示

写真6-10　展示什器のプレゼンテーションをする履修学生

写真6-11　作品の取り扱いや展示の方法は実践で学ぶと効果的

などを学ぶ学生がおり、それぞれが自分たちの専門性を活かしつつ取組内容を決めている。屋内外の展示空間計画や什器のデザインは主に建築を学ぶ学生が行う。簡易に製作・運搬・設営ができ、充分な展示スペースと強度を確保し、製作コストも予算内に収まるように、ミニチュアモデルでの検討を経て、実寸大の確認をしながら製作する（**写真6-10**）。また、博物館学を学ぶキュレーションコースの学生は展示品の選考・管理・展示・作品解説などを行う（**写真6-11**）。

　鋳物工房を巡るツアーやものづくり体験では、まず対象場所を選考し、実際に訪ねて回り、見学者受け入れの可否や提供できるコンテンツ確認などを行う。ものづくり体験では自分でつくってみることで、その魅力を伝える言葉を整理するとともに、かかる時間や準備しておいた方が良い携行品などを考えられる

写真 6-12　鋳物工房を見学する中で、職人から見所などを確認する学生

写真 6-13　楽市の人気イベント「金屋町着物通り」

ようになる。また、ツアーの様子を撮影し、広報素材を準備する（**写真6-12**）。小さな工房では、広報写真がほとんど無いところもあり、イベントの広報として使用する他、協力へのお礼としてデータ提供している。イベントでは、参加する双方が気持ち良く取り組めることが必須である。写真データ提供という自分たちでもできることで工房に喜んで貰えるとしたら、それは大切なコミュニケーション手段といえるだろう。

　学生が企画する楽市の人気イベントに「金屋町着物通り」がある（**写真6-13**）（注16）。伝統的な町並みを背景に、石畳のランウェイを和装の学生モデルが歩く。学生は、企画に合わせてモデルを募り、自分たちで構成シナリオやアナウンス原稿なども作成している。毎年実施する中で内容を充実させており、茶席を主宰している住民からは和服を着た場合の所作を、日本舞踊を行っている住民からは踊りの振り付けを学び、徐々にショーとしてのレベルを上げている。今日では人気企画となり、毎年ショーに合わせて外国人観光客やアマチュアカメラマンが来場するようになっている。

　2018年（平成30年）には、「職人さんにも参加して貰いたい」と学生が発案し、職人の集まりである「カロエ高岡」に協力を要請し、職人と学生がコラボしたショーが実現した。職人は普段使っている道具を持参してパフォーマンスした（**写真6-14**）他、ショーの合間には加工実演や、ものづくりができるワークショップを実施した（**写真6-15**）。学生は職人と交流が持てたことを活用し、工房を取材して職人の手を紹介するパネル展を企画した（**写真6-16**）。

写真 6-14　職人と学生がコラボしたショー

写真 6-15　ショーの合間に加工実演する職人

写真 6-16　職人の手を紹介したパネル展

写真 6-17　イベントでは参加者が皆楽しく思えることが重要

　職人達は、かつては問屋の下請けをすることで収入が確保された。しかし、今日では自分たちの技を売り物に直接仕事を受注していかなければならない状況になっている。ものづくりや工芸品に関心の高い人が多数集まる楽市は、彼らにとっては貴重なアピール機会になることから、積極的に関わって貰うことができた。何より、学生達と一緒にプロジェクトを行うことで元気を貰えると喜んで貰えた。職人達の学生に対する感謝の気持ちが、学生のモチベーションを高めるという好循環が生まれた。記念撮影に写る一同の笑顔が、そのことを物語っている（**写真6-17**）。

　産業観光はじめ地域のイベントに潤沢な予算がかけられることはあまりない。事業で収益を上げることも困難だ。まずは実施する関係者が、お金以外でどのようなメリットが得られるか、そのことを考えたい。知り合えること、学べる

こと、活動することが楽しいなど、参加することに喜びや満足感が得られる企画にすることが肝要だ。

（4）魅力の伝え方

伝わる写真の撮影方法

　企画案ができたらつぎは広報だ。知って貰うにはわかりやすいこと、さらに来て貰うためには魅力を伝えることが必要である。Webや印刷物で広報するとき、視覚的なデザインについて基礎的な知識を身につけておくと効果的である。かつては美しく文字を描く技術「レタリング」ができなければグラフィックデザイナーにはなれなかったが、パソコンが登場し、キーボードをタイプするだけでさまざまな書体が使えるようになった今日、技術的なハードルは下がった。パワーポイントを用いたプレゼンテーションに象徴されるように、誰もがデザインに係わるようになっている。そこでグラフィックデザインの基礎知識をわかりやすく紹介した『ノンデザイナーズ・デザインブック[注17]』などの入門書が出版されるようになっている。できれば1冊は読んでおきたいが、ここでは産業観光を広報する上で使用頻度が高い写真の撮り方について解説する。

　写真を撮る上で重要なことは、それで何を伝えたいか、すなわち対象の特徴をいかに捉えるかである。複数の魅力がある場合、それぞれで写真を使いたい場合があるが、誌面の大きさが限られる中、枚数が増えるとその分与えるイメージは煩雑になり、イチオシで伝えたい対象のインパクトが低下する。1枚の写真にどのように魅力を盛り込むかが鍵である。

　写真6-18は金屋町の町並みを通り中央から真っ直ぐ捉えたものだ。左右対称になるので安定感があり、遠くまで続いている様子がわかる。しかし、左手が陰になり黒いだけの写真になっている。右手前に町並みの特徴である千本格子が写っているが、インパクトはそれほど感じられない。**写真6-19**はアングルを右手側に振って千本格子を大きく捉えた。この方が「千本格子の町並み」というキャッチフレーズをあらわす上では適切だろう。ここでのポイントは右手の町並みだけにするのではなく、左手の町並みも少し入れておくことだ。このことによって通りの巾や長さを伝えられる。**写真6-20**は、金屋町のもうひとつの特色である石畳を強調するため、視点を低くして撮影した。逆に脚立な

写真 6-18　町並みを通りの中央から真っ直ぐ捉えた写真

写真 6-19　アングルを右手側に振って千本格子を大きく捉えた写真

写真 6-20　視点を下げて石畳にフォーカスした写真

写真 6-21　雨戸の上げ下げ作業を紹介する写真

どを用いて上から俯瞰して撮影する方法もある。撮影の高さを変えることは、簡易でありながら日常見慣れているものとは違う風景を切り取る効果を出せるので試してみたい。**写真6-18**では左手の町並みが陰になっていたが、屋外撮影では撮影場所と時間の確認が必須だ。たとえば東向きに撮りたい対象がある場合は午前中、西向きであれば午後に太陽の光が順光となり、対象を明るく撮ることができる。

　写真6-21は住民に協力して貰い、雨戸を閉めているところである。金屋町では、雨戸が左右方向ではなく上から下ろす町家がある。また、障子を入れたパターンや雨戸と千本格子の両方を外して縁側のようなパターンにすることもできる。**写真6-18 〜 20**のような金屋町は、紹介される機会が多いため、**写真6-21**は新鮮味があり注目度が高まる。また人の動きが加わることも効果的で

写真 6-22　正面か、斜めのアングルか撮影意図がわからない写真

写真 6-23　明確に角度をつけた写真

写真 6-24　正面から撮った写真

ある。

写真6-22はさまのこを正面から捉えているが、少し斜めのアングルになっていることから中途半端な印象である。斜めにするのであれば写真6-23のように明確に角度をつけるか、そうでなければ写真6-24のように真正面から撮るようにしたい。

写真6-25は真正面から撮影したため、自分の姿が映っている。意図的に入れる場合もあるが、できれば消しておきたいところだ。写真6-26は表札の掛かっている柱の正面に移動し、身体を横にして撮影した。相変わらす自分の影は写っているが、気にならないレベルである。表札が入った場合は、氏名は消しておく。

写真6-27は、石畳の中に銅板が埋め込まれているところを撮影した写真であるが、太陽を背にして石畳は明るく撮れているものの自分の影が写っている。入れたくない場合は、立ち位置を変える、しゃがんで撮るなどの対策を講じたい。写真6-28は陰を消すと共に、通りの先まで入れて奥行き感を表現している。

写真6-29は裏通りの町並みである。写真6-30では町名板まで入れた。ちょっとしたことであるが、そのことによって説明しなくてもここが金屋町であるこ

写真 6-26　柱で姿を隠した写真

写真 6-25　正面から撮った場合は自分の姿が写り込む場合がある

写真 6-27　自分の影が映り込んだ写真

写真 6-28　立ち位置を変えることで影を消した写真

写真 6-29　裏通りの町並みを写した写真

写真 6-30　町名板を入れ込んだ写真

写真 6-31　銅像が置かれた店先の写真

写真 6-32　学生が銅像を真似たポーズをしている写真

とが伝わる。

写真6-31は高岡鋳物の銅像が置かれた店先であるが、写真6-32は学生が銅像を真似たポーズをしている。右手には撮影している仲間も入れて、グループで楽しんでいる様子を表現している。写真6-33はこの店で提供しているものづくり体験の様子である。せっかく学生が係わるのであれば、通常の観光写真ではない、アクティビティや楽しさが伝わる写真を使いたい。

写真 6-33　ものづくり体験は一度やってみると内容がよくわかる

　写真コンクールでは、美しさや他に類をみないような独創性が評価基準になるが、広報用写真の評価基準は、伝えたい内容が写真から読み取れるかどうかが評価基準になる。「伝統的な町並み」「千本格子」「石畳」「ブロンズ像」などと要素を言語化することで、伝えたい内容を確認できる。

視覚デザインの基本

　産業観光を案内する広報チラシをつくる場合、写真と文字を組み合わせて表現することが効果的である。図6-5のa-1は全身写真をチラシに入れることを

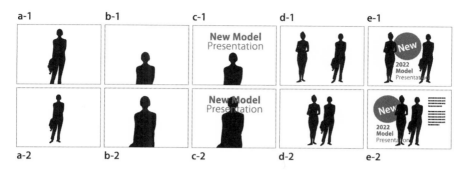

a-1　　　b-1　　　c-1　　　d-1　　　e-1

a-2　　　b-2　　　c-2　　　d-2　　　e-2

図6-5　広報チラシを想定したレイアウト事例

想定したものだが足が切れている。a-2のようにしっかり足先まで入れたい。b-1は上半身を写したいいわゆるバストアップのレイアウトであるが、顔を中央にしてしまい上部に無駄なスペースがある。b-2は、顔の位置を上に上げて、無駄なスペースを省くとともに人物を大きくみせている。

　b-1では上部に無駄なスペースができていると書いたが、c-1のようにチラシとして文字を入れるような場合、このスペースにみ見やすく文字を入れることができる。写真として良かったb-2は逆に顔に文字がかかっている（c-2）。人の顔、とくに目の部分を阻害するようなレイアウトは避けた方が良い。このようにチラシなどに用いる場合は、どのようなレイアウトにするのかを想定して撮影すると効果的である。

　d-1、d-2は人が二人いる場合のレイアウト事例である。二人が距離を開けていると別々の対象として見えるが（d-1）、距離を縮めるとひとつのまとまった塊に見える（d-2）。これは視覚心理学で「近接の法則」と呼ばれる視覚法則[注18]のひとつである。散らかった印象のd-1であるが、二人の間に図形や文字が入ると一塊に見せることができる（e-1）。タイトルを強く打ち出すことを意図として中央に配置したい場合は、あらかじめ二人を離して撮影しておく。e-2は、二人を寄せて撮影してできた左右のスペースに、タイトル（左）と説明コピー（右）を入れた事例である。説明コピーを入れたい場合は、e-1ではかなり小さな文字で入れざるを得ない。c-1の事例も含め、チラシをつくりたい場合の撮影は、あらかじめ完成イメージを作成しておくと、それに適し

図6-6　写真の一部をぼかすことで、文字を読みやすくした事例

図6-7　写真に写っているものとグラフィックの色とを揃えた事例

た写真を準備することができる。

　図6-6 〜 6-7は、「金屋町楽市inさまのこ」で使用したA4サイズのチラシである。ともに案内用の文字が入ることを想定し、文字が入れやすい背景を意識して撮っている。図6-6では中央の工芸品にピントを合わせて前後をぼかすことで、文字を読みやすくしている。図6-7では、ガラス器の色と文字背景の色を揃えることで画面にまとまりをつくっている。近接の法則は、図の配置だけでなく、色の配色においても適用できる法則である。

（5）学ぶ中で社会に貢献する

産業観光学は地方創生に直結する授業

　わが国の人口減少は深刻である[注19]。少子高齢化が進むと産業を支える労働人口が減少し、大都市の企業が地方に人材を求めるようになる。地方からみ

ると、待遇が良く生活に幅広い選択肢が備わる大都市は魅力的である。人が集まることによって多様性は高まり、大都市は一層魅力的になる。一方、地方都市は人口流出によって空き家や空き店舗が増加し、さまざまな事業が担い手不足により継承できなくなる。それらは地域の特色喪失に繋がり、益々人々が大都市に流れるという悪循環に陥ってしまう。

　政府は、2014年（平成26年）に「まち・ひと・しごと創生本部」を設置して、2060年に一億人程度の人口を確保する長期ビジョンと、2015～2019年度（平成27～31年度）の政策目標と施策を策定した[注20]。文部科学省では2013年度（平成25年度）、大学全体で地域を志向した教育を行い、学生の地元定着を推進する事業「COC事業[注21]」を開始した。2015年度（平成27年度）、富山大学は、COC事業の後継として公募された「COC+事業[注22]」に採択され「未来の地域リーダーを養成する」ことを目標にした「地域課題解決型人材育成プログラム」を開始した。同プログラムでは、地域志向科目群を設け、地方創生に直結する科目として「産業観光学」を開講した。

　COC+は2020年度（令和2年度）から「大学による地方創生人材教育プログラム構築事業（通称名：COC+R）」[注23]へと受け継がれた。長野－富山－金沢が北陸新幹線で1時間以内に移動できるようになったことから、3県の特性を活かしつつ、それぞれの基幹産業を再定義・創新する人材創出を目指している。産業観光学は、本事業においても選択必修科目に位置付けられている。

　地方都市の居住者にとって、近県への観光は余暇活動の選択肢を増やすことになる。北陸新幹線ができたことによって3県相互の観光は、日帰りでも充分に楽しめる時間距離になっており、地域における広域型観光の見直しが求められている。一方、遠隔地からの旅行者には、時間と費用と労力をかけて訪れたことで複数の観光地を巡りたいという要望がある。心理的には対象目的地までの旅行負荷が大きくなるほど、旅行先での都市間距離は近く感じられることから、複数のポイントを回る観光コンテンツが有効である。

　旅行行動調査によると、3大都市圏だけでなく地方部を回る訪日外国人が約6割いる[注24]。また、欧米人を筆頭に、訪日外国人は歴史・文化、日常生活に高い関心を示している。地方都市における産業観光は、これらの要素を含み、かつ食や物産、体験を楽しめることから、これからの産業として可能性が大き

い。地方には、時代のニーズを敏感に捉えられる人材が不足しているだけに、学生が産業観光の推進に係わることに期待が寄せられている。

学生は地域にとって活力の源

　学生の感性は、時代の傾向を読み取る能力が高い。本学には県外出身者や大都市圏からの学生も在籍している。それだけに固定観念化した地域に、新たな見方を提供できる可能性がある。学生の目線は、新しさだけでなく古い対象にも敏感である点も見逃せない。地元住民にとって古くさくて無価値にみえているものが、観点を変えれば新鮮で魅力あるものにすることができる。古い民家を改築してカフェにするなどという発想も、地元からはなかなか出てこない企画だろう。高年齢化が進む地域にとって、学生のITに対応した能力や快活な行動力も貴重である。イベントの実施からWebによる情報発信まで、地域に不足している実行力を補完することができる。何より地域の人々にとって、若々しい学生の姿は見かけるだけで元気が出るという。学生が地域に出かけて学ぶことが、地域にとっては活力の源になっている。

　一方、学生にとって地域は今まで触れる機会が少なかった産業や文化を実際に体験できる場である。そこで働く人々や住民との交流からは、町に対する思いや暮らしの質、地域課題の深刻さなどを知るなかで、文献に記されていない現実的な知識を獲得する方法を学ぶことができる。地域は、実践知を学べるキャンパスである。

　社会は今、大きな変革の時代を迎えている。地方の小さな町であっても、世界の経済や環境問題と繋がっている。AIを筆頭に技術革新が進んでおり、複雑で変化が激しい社会になっている。それだけに、新たな状況に対応できる自律的な学びによる実践知を身につけることが求められている。そのことを踏まえて、地域の産業観光を体験し学んで貰いたい。

〔注〕
（注1）高岡市は「高岡市デザイン・工芸センター（1999年（平成11年）設立）」を設置しているが、その前身である「高岡物産陳列所」の設立は明治時代の1909年（明治42年）である。1986年（昭和61年）からは全国公募の「工芸都市高岡クラフトコンペティション」を実施している。富山県も1988年（昭和63年）

「富山インダストリアル・デザインセンター」を設置、1999年（平成11年）デザイン専門の県立試験研究機関としては全国唯一の施設である「富山県総合デザインセンター」に改組、若手デザイナーの登竜門となる「富山デザインコンペティション」を開催している。また、民間レベルでもアートディレクターの集まりである「富山ADC」が1996年（平成 8 年）に設立されたが、これは東京以外では初の組織で、その後の地方都市におけるモデルになっている。参考文献：『工芸都市高岡'86クラフト展』1986年、工芸都市高岡'86クラフト展開催委員会、『これからのデザイン環境』平野拓夫、MOVIN' Vol.4、1994年

（注 2 ）実践の場で、状況を認識し適切な判断を下す能力で、経験の積み重ねによって形成される知識。職人や医師、芸術家など特定の分野での豊富な経験知の蓄積によって形成される。言語化が難しいという観点から暗黙知とも呼ばれる。参考文献：『実践知─エキスパートの知性』金井壽宏、楠見孝・著、有斐閣

（注 3 ）富山大学芸術文化学部の前身である高岡短期大学は、1986年（昭和61年）にコミュニティカレッジのモデル校として設立された。地域の活性化を目指し、伝統工芸や経営実務に対応した教育資源を備えると共に、開学当初より地域連携を推進する組織「大学開放センター」を備えた。2005年（平成17年）富山県内国立 3 大学の統合により富山大学芸術文化学部と組織変更したが、一貫して地域と連携した教育・研究に力を入れている。参考文献：『高岡短期大学二十二年の歩み』、記念誌「高岡短期大学二十二年の歩み」編纂委員会、2005年

（注 4 ）学部 2 年生向け科目「まちづくり」。ゴールデンウィークに県内で調査し、まとめたレポートを元に地域活性化のための事業を企画、高岡市長にプレゼンテーションしている。これまでに八丁道ライトアップ、大伴家持など観光資源をラテに描く「高岡街ラテ」、地図および解説付きの「たかおか御朱印帳」などが実施された。

（注 5 ）毎年 5 月 1 日に行われる高岡関野神社の祭。豊臣秀吉から拝領したといわれる 7 基の山車は、いずれも伝統工芸による豪華な装飾が施され、国の重要有形・無形民俗文化財の指定を受ける他、「山・鉾・屋台行事」として2016年（平成28年）には「高岡御車山祭の御車山行事」がユネスコ無形文化遺産にも登録されている。参考Web：文化庁　文化遺産オンライン　https://bunka.nii.ac.jp/heritages/detail/285236

（注 6 ）「山宿」とは、御車山のご神体や山飾り・幔幕を展示する場所のこと。

（注 7 ）1978年（昭和53年）に発刊された『暖簾』増田正・著、グラフィック社に掲載

（注 8 ）2003年（平成15年）、金沢美術工芸大学の山岸政雄教授（当時）が、金沢市旧市街地の暖簾・看板を調査、『金沢伝統看板─木色の魅力』（『カラー・オブ・金沢　彩り継がれた環境』）にまとめた。同じ調査を実施し、暖簾・看板の時

代による変化を明らかにした。

(注9) 1611年（慶長16年）に加賀藩二代目藩主前田利長が、7名の鋳物師を招くと共に土地を与え、鋳物をつくる許可「御印」を与えたことから高岡鋳物が始まった。毎年利長の命日にあたる6月20日に感謝の意を込めて「御印祭」を行っている。前夜祭から鋳物の作業歌である「弥栄節（やがえふ）」に振り付けをした町流し踊りが行われる。参考文献：『鋳物のまち・金屋：過去・現在そして未来に継ぐ架け橋に：金屋町開町四〇〇年記念誌』金屋町開町400年祭実行委員会、2011年

(注10) 1873年開催のウィーン万国博覧会で横山弥左衛門が進歩賞牌、金森宗七と高岡鋳造社が有功賞を受賞した他、その他の万国博覧会などで多数の賞を受賞して名声を高めた。参考文献：『博物館だより』1999.5号、P.4、高岡市立博物館

(注11) 高岡市南部の戸出栄町に約11万7千平米の土地を開発し、26の企業を集めた「高岡銅器団地」がつくられた。参考Web：高岡銅器団地協働組合https://www.douki.jp

(注12) 高岡銅器・高岡漆器の売上げが低下し、後継者不足などが問題となったことから、現代のライフスタイルに対応した新しいクラフトデザインを開拓しようと、全国規模の公募展・作品展を開催した。第一回の展示は開学したばかりの高岡短期大学にて行われた。参考文献：『工芸都市高岡'86クラフト展』

(注13) 当時普及し始めたインターネットをテーマに、伝統的なまちのコミュニティで最新の通信技術がどのように活用できるかを実証的に検証しつつ、メールの使い方やホームページの作成方法を学ぶ講座とした。住民との交流が促進されるなかで、学生が金屋町の祭「御印祭」に参加するようになった他、住民と一緒に景観をつくる授業などがおこなわれた。また、銅製のマウスパッドが商品化されるなどの成果があった。

(注14) 金屋町のメインストリートである石畳通りを中心に町家の内外部で工芸品の展示（一部販売）を行った。金屋町自治会、富山大学芸術文化学部、高岡市などで構成する実行委員会を設置し、地場産業関係者や工芸作家の協力を得て実施した。2年目から自治会が行ってきた事業と合流、2016年（平成28年）からは、「工芸都市高岡クラフト展」、「高岡クラフト市場町」と同時開催し、秋の高岡を代表するイベントになった。2017年（平成29年）からは、移住促進に向け空き町家の紹介に力を入れた「ミラレ金屋町」として開催している。参考文献：『金屋町楽市inさまのこ』武山良三、富山大学芸術文化学部、2017年

(注15) 通常の時間割に入れることのできない実践型授業で「地域の現実的な課題をテーマとした授業、地域の作家、職人、デザイナーなどから指導を受ける授業など、地域の関係者と協働して進める授業」として制度化、単位認定している。参考文献：『地域と連携した芸術文化教育』武山良三、『高岡芸術文化

都市構想　都萬麻』富山大学出版会、2015年

(注16) 2009年（平成21年）の初回は、和服姿の学生約20名が勢揃いする簡易なお披露目会を実施したが、翌年度からは学生が企画グループを立ち上げ、ファッションショーを行うようになった。着付師の藤岡敦子氏の協力を受けて、伝統的な「花嫁コレクション」、帯を花の形に結ぶ「花帯コレクション」、学生が帽子やアクセサリー、ブーツなどを自由に組み合わせてモダンに着こなす「はいからファッション」など、年毎に趣向を凝らして実施している。

(注17) グラフィックデザインの未経験者を対象に、図版を多用してわかりやすく解説したデザイン入門書の草分け。1998年（平成10年）に出版され現在第4版になっている。ロビン・ウイリアムス・著、古川典秀・訳、小原司、米田テツヤ・日本語解説、毎日コミュニケーションズ・出版。

(注18) 近接の法則は、ロビン・ウイリアムスが『ノンデザイナーズ・デザインブック』や、W.メッツガーが『視覚の法則』（盛永四郎訳、岩波書店）の中で解説している。ゲシュタルト心理学の観点からマックス・ヴェルトハイマーが「体制化の法則（プレグナンツの法則）」として論じているが、書籍の入手は困難になっている、Web「みのわようすけ」にてわかりやすい解説記事がある。https://medium.com/@3inowayosuke/プレグナンツの法則-5ea0d8272d35

(注19) 国立社会保障・人口問題研究所は、日本の総人口が2015年（平成27年）の国勢調査時に1億2709万人であったところから減少期に入り、2053年には1億人を割ると予測している。参考Web：国立社会保障・人口問題研究所 https://www.ipss.go.jp/syoushika/tohkei/Mainmenu.asp

(注20) 総合戦略では、①地方における安定した雇用を創出する、②地方への新しい人の流れをつくる、③若い世代の結婚・出産・子育ての希望をかなえる、の3点を基本目標とした。参考Web：内閣官房デジタル田園都市国家構想実現会議事務局・内閣府地方創生推進事務局、まち・ひと・しごと創生「長期ビジョン」「総合戦略」「基本方針」、https://www.chisou.go.jp/sousei/mahishi_index.html

(注21) 「地（知）の拠点整備事業」。学生にとって魅力ある就職先を創出するとともに、地域が求める人材を養成するために必要な教育カリキュラムの改革を断行する大学の取り組みを支援する事業。参考Web：文部科学省、平成25年度「地（知）の拠点整備事業」パンフレットについて、https://www.mext.go.jp/a_menu/koutou/kaikaku/coc/1346066.htm

(注22) 大学が地域と一体となって地域の雇用創出や学卒者の地元定着率を高める「地（知）の拠点大学による地方創生推進事業」で2015年（平成27年）から実施された。富山大学は、COC＋事業に採択され「未来の地域リーダーを養成する」ことを目標にした「地域課題解決型人材育成プログラム」を実施して「S」評価を受けた。「産業観光学」は、地域志向科目群の一科目として地方創生に直結する科目であると共に、専門教育で行う地域課題解決科目群の学修要素を

先取りした授業内容となっている。参考Web：文部科学省、平成27年度「地（知）の拠点大学による地方創生推進事業（COC+）」パンフレットについて、https://www.mext.go.jp/a_menu/koutou/kaikaku/coc/1378659.htm

（注23）全国で4事業が選定された中で、富山大学では信州大学、金沢大学と連携し、唯一広域型の事業として採択された。参考Web：文部科学省、大学による地方創生人材教育プログラム構築事業（COC+R）、https://www.mext.go.jp/a_menu/koutou/kaikaku/chihososei/index.html

（注24）【概要】訪日回数別の訪問地（観光・レジャー目的）：訪問地別構成比（全国籍・地域）「令和元年訪日外国人消費動向調査【トピックス分析】訪日外国人旅行者（観光・レジャー目的）の訪日回数と消費動向の関係について」観光庁　観光戦略課　観光統計調査室　参考Web：https://www.mlit.go.jp/kankocho/siryou/toukei/content/001350782.pdf

終章　産業観光と地方創生
～教育プログラムの可能性～

塩見　一三男

　富山大学の教養教育科目「産業観光学」は、教育というアプローチから地方
創生を推進するために開設された授業である。そして、前章までの紙数を割い
て、産業観光学の各講師に授業内容を紹介いただいたところである。ここまで
の紙面を読まれた感想はどうであろうか。

　　「産業観光は愛知万博から全国に広がったんだ！」
　　「全国には産業観光で稼いでいる企業もいるんだ！」
　　「富山の製造業はBtoBが多いので産業観光のコンテンツづくりは大変だろ
　　うな！」
　　「今の富山の産業は売薬人と北前船主と繋がっているんだ！」
　　「オープンファクトリーという取り組みが増えているんだ！」
　　「店先にかかる暖簾一つにもエピソードがあるんだ！」

　産業観光そのものや、富山県での産業観光の意義や魅力を充分に理解いただ
いたことと思う。では地方創生との関係はどうであろうか。

　　　「各章の内容は良く理解できるし、地方創生との関係も完全に否定する
　　ものではないが、産業観光と地方創生との具体的な関係はまだよくわから
　　ないところだ」

こういう感想ではないだろうか。
　地方創生は、わが国の人口減少をやわらげることや、人口減少に適応した地
域をつくることなどを意図した多数の施策や事業から構成される政策の総称で
ある。"教育というアプローチによる地方創生の推進"といった場合、学生が
産業観光を学ぶことによって、地方創生が目指している如何なる状態と結びつ

くのかをロジカルに説明する必要がある。

　終章の役割はこの点にある。さらに一歩進めて、産業観光を学ぶ対象を中学生や高校生などに拡大することの意義や可能性についても言及する。

（1） 産業観光と地方創生の関係

産業観光の効果

　まず、産業観光の効果をみてみよう。須田によると、産業観光の効果は、効果を享受する主体別に「観光客への効果」、「地域への効果」、「産業（企業）への効果」と大別される[注1]。

　「観光客への効果」とは、知覚や視覚、体感、味覚などのさまざまな感覚を通じて産業観光を経験することで、観光客の知的欲求が満たされるものであり、「学習効果」や「体験効果」と整理される。

　つぎに「地域への効果」とは、産業観光をきっかけとして、その観光需要に応えるために地域内外の同種産業・異種産業間での連携が進むという「産業間連携促進効果」がある。この連携を通じて地域産業のさらなる成長・発展が期待される。また、産業観光によって観光客の流動が生ずることとなるが、その地域間での交流人口の増加や観光客と地域住民とのコミュニケーション促進などの「地域活性化効果」も含まれる。さらに、SDGsやカーボンニュートラルといった持続可能な社会の必要性が高まっているが、それらと関連の深い資源リサイクル産業や新エネルギー産業などに対して、産業観光がきっかけとなって国民の関心が高まり、同産業の経済活動が一層活発化するという「環境・エネルギー対策促進効果」も含まれる。

　最後の「産業（企業）への効果」とは、産業観光の場が企業理念や技術、製品などをPRする絶好の機会となり、企業イメージや企業への信頼感醸成に繋がるとともに、産業観光を体験した観光客が新規顧客へと転換することや、観光客から得られた情報を元にした新たな商品・サービス開発に繋がるなどの「産業（企業）への理解浸透効果」がある。また、産業観光の場において産業や技術に直接ふれることを通じて、とくに若年の観光客がその産業や技術への感心を高め、将来の後継者となってくれることや、修学旅行などに産業観光を盛りこむことでの実物教育の効果など「産業技術の発展・人材育成（後継者など）

効果」がある。さらに受入企業の組織内に生ずる「経営改善効果」もある。これは、　観光客という第三者を生産現場などに受けいれることをきっかけとして、「見られる」ことでの従業者の意識向上や、生産現場の整理整頓、生産物の品質向上などである。また産業観光が自社のものづくり専業を見直きっかけとなって、新たな経営戦略に結びつくことも期待できる。

　以上が産業観光の効果である。

地方創生の意図

　地方創生は、2014年（平成26年）11月に根拠法となる「まち・ひと・しごと創生法（平成26年法律第136号）」が成立し、同年12月２日に同法に基づく推進組織「まち・ひと・しごと創生本部」が内閣府に設置されて本格的に動き出した政策の総称である。2020年（令和２年）に改訂された第２期「まち・ひと・しごと創生総合戦略」によると、人口減少のスピードをやわらげること、地域の稼ぐ力や地域内経済循環という地域経済力を高めること、人口減少から生ずるさまざまな地域課題と折り合いをつける地域づくりを進めること、そして東京一極集中の是正を目指している。そして、それらの実現に向けて、地方の「しごと」を創出すること、大都市と地方間の「ひとの流れ」を変えること、「出生」数向上に向けた結婚・出産・子育て環境を改善すること、「しごと」、「ひとの流れ」、「出生」を実現するための「地域」をつくること、という目標を掲げて施策を展開している。

産業観光と地方創生の関係

　この地方創生と先に整理した産業観光の効果との関係をみてみよう。

　「産業」や「観光」はいずれも経済活動に関わる行為である。そのため、多くの産業観光の効果は、地方の「しごと」創出という目標に繋がっていることがわかる。また「観光」は地域間の観光客の流動を生じさせる行為である。そのため、産業観光を通じた地域間の交流人口や後継者確保などの「ひとの流れ」という目標に繋がるものもみられる。さらに、産業観光による地域活性化の効果は、地方創生の「地域」をつくる目標に繋がっている。以上が産業観光の効果と地方創生の意図との繋がりである。

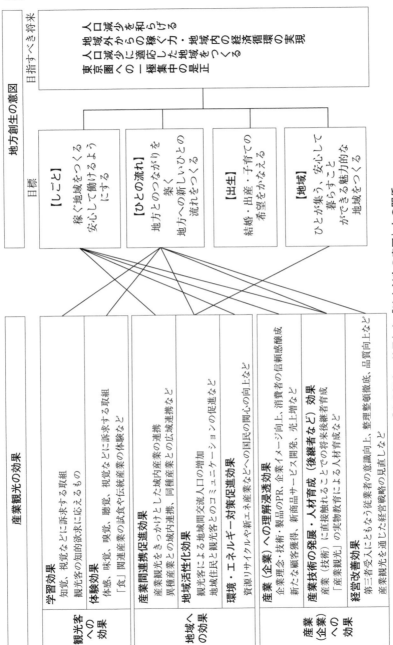

図終-1 「産業観光の効果」と「地方創生の意図」との関係

注）須田寛『産業・産業観光のみちづくりの観光』交通出版社（2015年9月）、財団法人日本交通公社「産業観光への取り組み 基本的な考え方と国内外主要事例の紹介」、内閣府デジタル田園都市国家構想実現会議事務局・内閣官房地方創生推進事務局「第2期「まち・ひと・しごと創生総合戦略」（2020改訂版）について（概要）」より筆者が作成。

（2）教育による学生の成長が地方創生に繋がる

　産業観光の効果が地方創生の「しごと」、「ひとの流れ」、「地域」という目標に繋がることが整理されたが、では産業観光学はどの目標に繋がるのであろうか。産業観光学が教育プログラムであることに注目して考えたい。教育である以上、学生は講義やアクティブ・ラーニングを通じて教養・知識を習得し、そして自分なりの考えを持つにいたる。教育によって学生は成長するのである。この学生の成長が重要な視点である。

　次に「はじめに」で既に述べた産業観光学のねらいをもう一度ふりかえると、それは、

　　　「富山県の産業の過去と現在を理解し、富山県をはじめとする地方での
　　　仕事や暮らしの魅力を理解することで、東京一極集中に歯止めをかけること」

であり、この中の"富山県の産業の過去と現在を理解すること"とは、

　　　「富山県に暮らしてきた先人たちが、富山県という地域で生活を続けていくために、富山県の地域特性ゆえの災いを被りながらも、その地域特性を活かすための工夫を凝らし、時代々々の技術を駆使しながら、社会が必要とする価値のある生業（なりわい）をどのように創りだしてきたのか、また、そのプロセスでの成功の鍵は何だったのか、そして、それが現在の富山県の生業（なりわい）とどのように結びついているのかを理解すること」

と定義される。これらのことを学生が理解して、学生が成長することが地方創生に繋がる。

　すなわち、産業観光学の授業の最大の特徴は、先人たちによる生業（なりわい）を創り続けてきた努力や苦労と、現在の産業とが結びつくところにある。先人たちの生業（なりわい）づくりが遠い昔の話ではなく、学生が良く知って

いる身近な企業や産業などと結びつくのである。その結果、学生自身は「この地域は凄いな」、「この地域の先人たちは格好いいな」、「私たちは地域の先人たちと繋がっているのだ」という地域愛着の醸成に結びつく。そして、地域愛着を持つ学生は、大学を卒業するときに"凄い""格好いい"と考える地域を選択し、東京一極集中の是正に結びつくのである。

　教育を通じた学生の成長によって、地方創生の「ひとの流れ」に影響を与えようという目論見である。産業観光学を学ぶことで、学生の卒業後の東京圏への就職移動にブレーキをかけること、あるいは、たとえ卒業後に東京圏への就職移動をしたとしても、いずれは地方へのUターン移動を促進すること、という人の流れを変えようとしている。これが「"産業観光学"の授業は"地方創生"を推進するためのものだ」と言われる所以である。

　過去に産業観光学を履修した学生の出身地をみると、概ね6〜7割は県外出身者である。COC+としてスタートした授業としては、卒業時の富山県内の就職を期待する考えも否定するものではないが、私自身としては、産業観光学の授業をきっかけとして、県外出身者が自分たちの故郷の"生業（なりわい）の変遷"に興味を持つようになり、それぞれの故郷に戻ることも"構わない"と考えている。これもわが国の地方創生に貢献することになる。

（3）中学生や高校生への教育プログラムの可能性

　産業観光学という授業は、産業観光という切り口から、地域産業の過去と現在を理解してもらうものであり、その結果として地域愛着という意識変容をうながし、大学卒業後の職業や居住地の選択という行動変容にはたらきかけることで、地方創生に寄与することを意図した授業といえる。
　この地方創生に資する産業観光学の教育プログラムとしての有効性は、大学生に限定したものではないと考えている。すなわち、大学進学前の地域の子どもたちが産業観光を学ぶことによって、"地域愛着"が醸成され、それが「人の流れ」に影響する可能性もあると考えている。
　産業観光学の授業の合間に学生とつぎのようなやりとりをした経験がある。

学生A　「この授業を高校の時に受けたかった。」

学生B　「大学進学前に地域のことをもっと知っていれば進学先も変わった
　　　　かもしれない。」

教師　　「小学校、中学校、高校でも地域のことを学ぶ授業はあったのでは
　　　　ないか。そういう経験はなかったのか？」

　　　　「たとえば富山県では"14歳の挑戦"という素晴らしい取り組みが
　　　　行われている。」

学生A　「地域を学ぶ授業は、産業観光学ほどには地域産業のことを知るこ
　　　　とができなかった」

学生B　「"14歳の挑戦"を経験したが、今から考えると、その頃は、自分自
　　　　身の考えが定まっていなかったので、さほど印象に残っていない。
　　　　もう少し大きくなってから経験した方がよい」

　この時、「産業観光学の授業を中校生や高学生向けに行った方がよいのでは
ないか」と考えたものだ。

　つぎの図は「RESAS（地域経済分析システム）」による2010年（平成22年）
から2015年（平成27年）の５年間にかけての、富山県の年齢階級別の社会増減
数を示したものとなる。社会増減が大きく減少するのは「10 〜 14歳→15 〜 19
歳」という主に中学生から高校生に変わる段階と、「15 〜 19歳→20 〜 24歳」
という主に高校生から大学生そして就職に変わる段階となっている。この最大
のボリュームゾーンの地域愛着を醸成するためには、高校生や中学生を対象と
して産業観光学のような授業機会を提供することが重要と考える。

　筆者の研究として、地方出身者かつ大都市の大学進学者を調査対象として、
高校卒業までの間の"地域とのつながり"の程度と、大学卒業後のUターン意
識やUターン行動との関係を研究したものがある。この研究での"地域とのつ
ながり"の定義は、「高校卒業までの地域の人々とのつながり」や「小学校・
中学校・高校の段階別での地域を学ぶ授業」、「高校卒業後の地域とのつながり」
と設定しており、それらの具体的なシーンを選択肢とした質問紙調査を行って

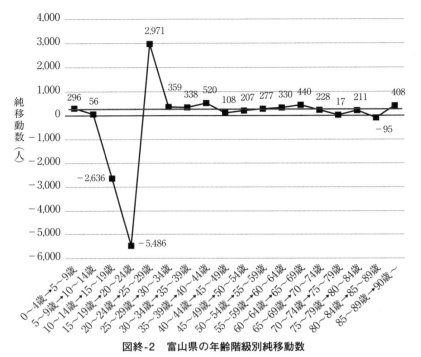

図終-2　富山県の年齢階級別純移動数

注1）「RESAS（地域経済分析システム）－人口の社会増減－」（https://resas.go.jp/popula-tion-society/#/moveent/16/16201/1/1/1/2021/5.333900736553437/41.42090017812787/142.29371418128918）を加工して作成。
注2）2010年→2015年の男女の値である。

いる。

　研究の結果、高校卒業までの間の"地域とのつながり"が大きいほど、大学卒業後もUターン意識を持ち続けることが確認された。また、小学校・中学校・高校の段階別での地域を学ぶ授業と、大学卒業後もUターン意識を持ち続けることとの関係からは、小学校の時点よりも中学校や高校の時点の方が、Uターン意識を持ち続けることに影響することが確認された^{（注2）}。

　この研究成果を踏まえると、中学生や高校生向けに産業観光学のような授業を実施することで、大学生に実施するよりも大きな「ひとの流れ」を生み出すことが期待される。

　本書の冒頭で示した、「産業観光」という言葉から連想するキーワードをあらためて思い出していただきたい。「工場見学」からはじまる10個のキーワードである。残念ながらその中に「教育」という言葉はない。

　一方、富山大学の「産業観光学」という授業は、改良の余地は多々あると認識しているが、地方創生に資する教育プログラムとしての可能性は大いにあると考えている。

　本書がきっかけとなって、全国のさまざまな教育機関において産業観光を活用した地方創生に資する教育プログラムが普及していくことを期待したい。

〔注〕
（注１）須田寛「産業観光 ものづくりの観光」交通出版社、2015年９月
（注２）塩見一三男「地域との繋がりが若者のUターンに与える影響に関する研究─地方出身・東京圏進学者を対象としたUターン実施に関するケーススタディー」、日本地域政策研究、第30号、2023年３月

〔参考文献〕
・財団法人日本交通公社「産業観光への取り組み　基本的考え方と国内外主要事例の紹介」
・内閣官房デジタル田園都市国家構想実現会議事務局・内閣府地方創生推進事務局「第２期『まち・ひと・しごと創生総合戦略』（2020改訂版）について（概要）」〈https://www.chisou.go.jp/sousei/info/pdf/r1-12-20-gaiyou.pdf〉
・経済産業省地域経済産業グループ地域経済産業調査室及び内閣府地方創生推進室「地域経済分析システム（RESAS）」

あとがき

　この度は、本書「産業観光と地方創生」を手に取っていただき、深く感謝申し上げる。

　本書の出発点は、2022年の春、塩見と安嶋の間で交わしたひとつの会話にある。「産業観光学の授業の内容を多くの人々に知ってもらうために、テキストとして出版しよう」というものである。

　本書の出版までの過程は、まさに試練の連続であった。多くの時間と労力を必要とし、挫折しそうになることもあった。「出版なんて口にしなければ良かった」と考えたこともあった。しかし、そんな困難さえも乗り越える熱意と意志が、この書籍を完成させる原動力となった。

　私たちの感謝の対象は多く、その全ての方々に言及することは難しいが、特に重要な方々に対して、ここで改めて感謝の意を表したい。

　第一に、COC+の採択、そして「産業観光学」の立ち上げと実践に全力を尽くしてくださった教職員の皆様。あなた方の献身的な努力がなければ、本書は存在しなかった。

　また、ゲストスピーカーとして深い洞察を提供してくださった多くの皆様、そして学生たちの見学を受け入れてくださった産業観光施設の皆様へ。あなた方の協力と寛大さに心から感謝申し上げる。

　そして、毎年度の授業内容の見直しに対して有益な意見を寄せてくださった本書の著者でもある髙木繁雄様、武山良三様、さらには富山商工会議所の立場から適確な助言をいただいた今川清司様へ。皆様からの建設的なフィードバックは、授業の質を高め、教材の充実に寄与する貴重な財産となった。

　最後に、出版の過程において適切なアドバイスをくださった鶴見治彦様へ。あなたの知識と経験は本書の完成にとって重要な一部であった。

　皆様の協力と尽力に心から感謝申し上げる。全国の人々に産業観光を学ぶことの重要性を伝える一助となることを願いつつ、読者の皆様に、産業観光と地方創生についての新たな視点と深い理解を提供できることを心より願っている。

　読者の皆様への感謝を忘れてはならない。あなた方がいてこそ、私たちは書

き続けることができる。本書が皆様の学びと行動に対する一助となることを心から祈念する。

2023年8月

編者　塩見一三男　安嶋是晴

◆ 執筆者紹介 ◆

須田　寛（すだ　ひろし）
1931年京都府生まれ。京都大学法学部卒業。日本国有鉄道理事（常務理事）、東海旅客鉄道（株）代表取締役社長、同会長、公益社団法人日本観光振興協会全国産業観光協議会副会長などを経て、現在は東海旅客鉄道（株）顧問。主な著書に「産業観光　ものづくりの観光」（交通新聞社）、「新・産業観光論」（共著・すばる舎）など多数。

丁野　朗（ちょうの　あきら）
1950年高知県生まれ。同志社大学文学部卒業。（財）余暇開発センター、（公財）日本観光振興協会常務理事・総合研究所長、東洋大学大学院国際観光学部客員教授などを経て、現在は（公財）日本観光振興協会総合研究所顧問、文化庁日本遺産審査・評価委員。主な著書に「産業観光の手法　企業と地域をどう活性化するか」（学芸出版社）など多数。

中村　和之（なかむら　かずゆき）
1959年大阪府生まれ。関西大学経済学部経済学科卒業、神戸商科大学大学院経済学研究科修士課程修了。修士（経済学）。富山大学経済学部講師を経て現在、富山大学学術研究部社会科学系教授。専門は財政学、公共経済学。

髙木　繁雄（たかぎ　しげお）
1948年富山県生まれ。早稲田大学商学部卒業、日米経営科学研究所修了。北陸銀行頭取、富山経済同友会代表幹事、全国地方銀行協会副会長、全国銀行協会副会長、富山商工会議所会頭を経て、現在は富山商工会議所顧問、富山大学理事。

武山　良三（たけやま　りょうぞう）
1956年大阪府生まれ。京都市立芸術大学美術学部西洋画科卒業、九州大学大学院工学府（博士後期課程）芸術工学専攻単位取得後退学。デザイン事務所（株）ストロイエ代表取締役他を経て現在、富山大学理事・副学長、地域連携推進機構長、教養教育院長。専門はサインデザイン。著書に『高岡芸術文化都市構想"都万麻"』第1巻～第4巻他。

佐々木　浩晃（ささき　ひろあき）
1985年富山県生まれ。金沢調理師専門学校卒業。2018年に株式会社源へ入社、2021年に取締役営業副本部長に就任。

能作　克治（のうさく　かつじ）
1958年福井県生まれ。大阪芸術大学芸術学部写真学科卒業。大手新聞社のカメラマンを経て1984年能作入社。株式会社能作 代表取締役社長を経て、現在は同社代表取締役会長、一般社団法人日本工芸産地協会代表理事会長。藍綬褒章を受賞。金属溶解一級技能士。著書に「踊る町工場」ダイヤモンド社。

◆ 編著者紹介 ◆

塩見　一三男（しおみ　いさお）
1966年京都府生まれ。立命館大学産業社会学部産業社会学科卒業、室蘭工業大学大学院工学研究科工学専攻博士後期課程修了。博士（工学）。（株）日本能率協会総合研究所を経て現在、富山大学地域連携推進機構地域連携戦略室講師。専門は地方計画・地域政策、地域産業・経済、官民連携・パークマネジメント。

安嶋　是晴（やすじま　ゆきはる）
1969年北海道生まれ。富山大学経済学部経営法学科卒業、福井県立大学大学院経済経営研究科（博士課程）単位取得満期退学。博士（経済学）。民間企業の勤務の後、ふくい県民活動センター（現ふくい県民活動・ボランティアセンター）、輪島商工会議所、金沢大学経済学部（現経済学類）、金沢大学国際基幹教育院を経て、現在、富山大学学術研究部芸術文化学系准教授。専門は文化政策、伝統産業論、地域経営論。著書に「輪島漆器からみる伝統産業の衰退と発展」（晃洋書房）。

産業観光と地方創生
～地域の生業（なりわい）の理解からはじまる地方創生～

2023年9月29日　第1版第1刷発行

編著者　塩見　一三男・安嶋　是晴
発行者　鶴見　治彦
発行所　筑波書房
　　　　東京都新宿区神楽坂2−16−5
　　　　〒162−0825
　　　　電話03（3267）8599
　　　　郵便振替00150−3−39715
　　　　http://www.tsukuba-shobo.co.jp

定価はカバーに示してあります

印刷／製本　中央精版印刷株式会社
©2023 Printed in Japan
ISBN978-4-8119-0661-4 C3065